当事者対決！

心と体でケンカする

頭木弘樹　横道誠

思想社

はじめに

このふたりの本を読むことにどんな意味があるのか？

頭木弘樹

なぜ往復インタビューなのか？

「横道誠さんとの本を」というお話をいただいたとき、それはもう、飛びつくように承諾しました。

というのも、お訊きしてみたいことがたくさんあったからです。

なので、対談や往復書簡ではなく、「往復インタビューで」とお願いしました。「往復インタビュー」というのは、とっさに思いついた言葉ですが、私としては横道さんにインタビューをしたかったのです。

取材のとき、インタビューする側とされる側とが固定的なのも、以前から気になっていました。もし両者が立場を逆転させて、さっきはインタビューしていたほうが今度はインタビューされ、さっきはインタビューされていたほうが今度はインタビューしたら、おもしろいのではないかと思っていました。

インタビューするとき、あまりつっこんだことを訊いては申し訳ないなという遠慮が働きます。こちらは訊くだけという安全地帯にいて、相手のことだけ心の奥底までほじくりかえそうとするわけですから。しかし、つぎにはじぶんが訊かれる側に立つのであれば、そういう遠慮はしなくてよくなります。じぶんに覚悟さえあれば、相手にも訊けるわけです。

また、さっき相手がいろいろ話してくれた以上、今度はこっちもいろいろ話さないわけにいかなくなります。

一方的にインタビューするより、ずっと深い話ができると思ったのです。

心と体でひとつの本を作る

横道さんは発達障害の当事者で、私は潰瘍性大腸炎《かいようせいだいちょうえん》という難病の当事者です。

つまり、心で困っている人と、体で困っている人です。

そのふたりがひとつの本を作るというのも、おもしろいと思いました。

というのも、心の本は精神科医や心理学者が書き、体の本は医師が書くというふうに、それぞれ別なことが多いからです。当事者が書く場合も同じです。

でも、心と体があって、ひとりの人間なわけですから、心と体の両方でひとつの本になっていてもいいはずです。

当事者研究の本を、横道さんも私もそれぞれに出していますが、ふたりで一緒に作ることには、また新しい意義があるのではないかと思いました。

なぜ心と体でケンカするのか?

私のように体の病気をしていると、心の病気の人からよく「うらやましい」と言われます。これまで何度言われたかしれません。「体の病気のほうがずっとまし」だと。

一方、体の病気の人は、「心の病気のほうがまし」だと思っていたりします。

お互いに、相手のほうがましで、じぶんたちのほうが大変だと思っているのです。

実際のところ、どうなのでしょう?

この機会に、横道さんと私で、それぞれ心と体の仮の代表として、議論をたたかわせ、ケンカしてみるのも、おもしろいのではないかと思いました。

ひとりの人間のなかでも心と体はケンカする

また、私自身の体験としても、体の病気のせいで、心まで暗く弱ってしまうと、「体のせいで！」と心は体に文句を言います。反対に、心のストレスのせいで体の調子まで崩してしまうと、今度は、「心のせいで！」と体が心に文句を言います。

心と体は、ひとりの人間のなかでもケンカをしています。

この折りあいをどうつけたらいいのか？

心と体は、そもそもひとつなのか、ふたつなのか、そんなことも横道さんと考えてみたいと思いました。

個人的な体験を読むことに意味はあるのか？

横道さんの『みんな水の中――「発達障害」自助グループの文学研究者はどんな世界に棲んでいるか』(医学書院)を読んで感動して以来、横道さんの本はすべて読んできました。『みんな水の中』は、じつはそんなに熱心に読みはじめたわけではありませんでした。私は発達障害には、とくに関心がなかったのです。「ケアをひらく」という、私も参加しているシリーズの新刊だったから、いちおう読んでみようくらいのことでした。

でも、「はじめに」を読んで、もうその時点で、びっくりしました。ふつう、発達障害の本なら「発達障害とはこういうものです」と説明すると思うんです。でも横道さんは「もしかすると私の『仲間』でも、多くの人は、私のような考え方や感じ方に無縁という可能性もある」

と書いていたんです。つまり、「これはじぶんだけのことかもしれない」という宣言です。だとすると、この本を読んでわかるのは、横道さんのことだけということになります。この人だけの話を読むことに意味があるのか？　と思いますよね。

個人的な話が、なぜか普遍的な話に

ところが、読んでいくと、これがおもしろいんです。発達障害でなくても、共感できるところが多々ある。すごく心を揺さぶられる。

不思議だなあ……と思ったのですが、よく考えてみると、これは文学でも同じです。あるひとりの主人公、それは読者のじぶんとは容姿も境遇も価値観も抱えている問題もすべて違うかもしれない。けれど、読んでいくうちに、気持ちが響きあって、心を揺さぶられます。

科学だったら、大勢を対象に研究しないと、あまり意味がありません。しかし、文学は、ひとりの人間を深く掘りさげていくことで、普遍に到達します。ここが文学のおもしろいところです。

当事者がじぶんのことを語るときにも、深く深く掘りさげていけば、普遍に到達するということを、横道さんの『みんな水の中』は教えてくれました。

本書は、横道さんと私の個人的なことについて、お互いにインタビューで深掘りしています。

私たちに興味のない人にとっては、そんなものを読むことになんの意味があるのかと思うでしょう。

「でも、読んでみたらおもしろかった」と言っていただけるよう、本書も『みんな水の中』のように、個人という井戸を掘りすすめていくことで、普遍という水脈に到達して、こんこんと水が湧きだしてくることを願うばかりです。

この本の作り方について

横道さんと私で交互にインタビューして、それぞれインタビューした側が原稿をまとめました。インタビューのしかたの違いも出て、興味深かったです。

それから、それぞれの発言を、それぞれ当人が手なおししました。

そうしていったんできあがった長い原稿を、編集者の川島遼子さんが大胆に再構成し、大幅に短縮してくださいました。豆乳から豆腐を作るように、おからが取りのぞかれた分、より口あたりが良くなっていると思います。

するすると読んでいただけましたら、幸いです。

目次

装丁・イラスト・本文デザイン
鈴木千佳子

「浮いた」存在として
目立ってしまう（横道）

ラウンド 1 どういう症状か？

ビシャーッと血が出て、
もう便器が真っ赤で（頭木）

1

発達障害とは

頭木 → 横道

発達障害とはなにか

頭木　私はじぶんが体の病気なので、体のことには関心を持ってきましたが、心のほうにはくわしくありません。ひどく大ざっぱな質問で申し訳ないのですが、発達障害とは、どういうものなのでしょうか？

横道　そう訊かれるとけっこう難しいですね。発達障害にはいろいろと種類があります。たとえば私が診断されている自閉スペクトラム症（ＡＳＤ）とか、注意欠如多動症（ＡＤＨＤ）に関して言うと、「注意」のあり方が多くの人とは違っているということかなと思います。

自閉スペクトラム症の場合には注意が非常に固着しやすいんですよね。ひとつのものにすごくのめりこんで、どっぷりとハマりこんだりすることが多くて。逆に言うと、それ以外の多くのことには関心が湧かないというふうに、興味がかなり限定されています。

ＡＤＨＤの場合も似たところがあって、多動が起こったり、衝動的に行動したり、あるいはなにかずっとぼんやりしていたりという「症状」があるんですけれど、やはり注意力の問題と言えるでしょう。多くの人は、そんなに考えながら行動していないという感覚があるかもしれませんが、じつはたいていの人は無意識的に非常に気にしています。相手に注意を払っている人が「相手もじぶんにちゃんと注意を払っているか？」とか、じぶんが関心を持っているものに対して「相手もそれに注意を払って尊重しているか？」とかを気にしている。結果的に、注意のあり方が多数派とは異なる発達障害者は、「浮いた」存在として目立ってしまう。

頭木　発達障害者に共通する特徴が目立ってしまうんですね？

横道　はい。ＳＬＤ（限局性《げんきょくせい》学習症。旧称は学習障害で、その略称はＬＤ）も「注意」の問題として説明できそうです。文字を視認しにくかったり、あるいは数量に関するイメージが湧かなかったりする。だから、その人の全体的な学力に比べて、やたら国語だけができないとか、数学だけができないということが起こるんです。それもやっぱり、その人の注意が、文字のかたちだとか、数学的なイメージに向かわないことかな、という気がします。

そして、知的（能力）障害も。知的障害をどう考えるのかって、難しい問題ですが、やはりいろんなことが、その人の腑《ふ》に落ちない。平均から比べると引っかかってきにくいという特性があるので、これも「注意」の問題と言えるかなという気はします。
ほかにも、鼻をピクピクさせたり、目をパチパチしたりとかするチック症。このチック症が重くなったトゥレット症という発達障害があります。顔をヒクヒクさせないでいられるようにするのが難しいというものですから、「注意」の問題と言えそう。
あとは吃音《きつおん》症（小児期発症流暢症）も医学的には発達障害なんですね。

頭木　あっ、そうなんですか。

横道　なめらかに発音するという注意が保持できない、公平に言えば、そういう特性から解放されていない、ということかなと思います。
こんなふうにして私は、「注意」に注目して発達障害を理解しています。私は精神医学の専門家ではないですから、あくまで自助グループの主宰者としての意見ですけれども。

病気なのか障害なのか

頭木　横道さんは、自閉スペクトラム症と注意欠如多動症と診断されていて、発達障害の当事者ということですが、名称に「症」がついていると、病気のような感じがします。そもそも発達障害は「障害」なのでしょうか？　「病気」なのでしょうか？

横道　発達障害というのは行政用語なんですね。行政としては、障害として処理をしているということです。発達障害の福祉行政では自閉スペクトラム症とＡＤＨＤと限局性学習症という３つを焦点化しています。

ところが精神医学での発達障害の正式な名称は「神経発達症」です。脳や神経の病気、疾患としてあつかいたいというわけです。

アメリカ精神医学会（APA：American Psychiatric Association）が発行している、精神疾患の診断基準を与えるマニュアルをＤＳＭ（『精神疾患の診断・統計マニュアル』）というんですけれど、同性愛なんかも、ＤＳＭ-Ⅲ（ＤＳＭの第３版）で項目から外されるまでは精神疾患だったんですよね。当時は精神障害と訳していたわけですけれど。

だけど時代が変わると、同性愛は治療の対象ではなくなったし、トランスジェンダーでも、いまでは手術をして体の性と心の性を一致させたりするのは、障害としてあつかわない、「性別違和」としてあつかうというふうになってきています。

頭木　発達障害の場合はどうなんでしょう？　治療によって改善する余地はあるんでしょうか？

横道　現代の医学では根本的な治療をする余地はないです。投薬は対症療法的なものですから、飲みつづけて発達障害がなくなる、ということは起こりません。外科手術によって問題のあるなんらかの部位を除去する、といったことも不可能です。注意欠如多動症には認可された複数の薬がありますけれども、それで発達障害の困りごとがぜんぶ治ってしまう、健常者並みになってハッピー、みたいなことはありません。カウンセラーに相談して、たとえば認知行動療法なんかも取りくまれていますが、それも効果は限定的です。

生まれつき脳神経の仕組みが定型発達者、つまり発達障害のない「ふつうの人」と違っているので、これはやはりＬＧＢＴＱ＋に近い問題ではないかと私は思っています。かつて同性愛が治療の対象だったように、誤って治療の対象にされているのではないかという疑いが湧くんです。

先天的か後天的か

頭木　発達障害は生まれつきのものなのでしょうか？

横道　語感のせいで、発達障害って、発育障害だと誤解される傾向にあるんですよね。つまり生まれたあとに、後天的に虐待とか、あるいはじぶんの努力の欠如とかによって、発育上の障害が起きる、そのような疾患だというふうに誤解されていることが多いんですけれど、実際には生まれつき決まっているんです。それこそいろんな、多くの障害が生まれつきのもの、先天的なものであるように。

頭木　後天的な要素というのは、まったくないものなんですか？

横道　それは議論の余地があって、たとえば第四の発達障害というものを言っている精神科医もいます。知的障害が第一の発達障害、自閉スペクトラム症が第二の発達障害、ＡＤＨＤや限局性学習症が第三の発達障害だと。それは障害としての重さを基準にしているようです。知的障害がいちばんつらくて、つぎに自閉スペクトラム症がつらくて、それからＡＤＨＤや限局性学習症がつらくてっていうふうに。

第四の発達障害と呼ばれているのは、ベッセル・ヴァン・デア・コークというオランダの精神科医が提唱した「発達性トラウマ障害」です。これは先天的にでなく、児童虐待などによって後天的に起こるというもの。アメリカの精神科医ジュディス・ハーマンが提唱して、国連の世界保健機関が出したＩＣＤ-11（国際疾病分類第11版）に採用された「複雑性ＰＴＳＤ」に、おおむね相当するかなと私は思います。生命の危険に直面するくらいのトラウマ（心的外傷）を負ってフラッシュバックが日常的に起きたりとか、対人関係の困難が起きたりとか。そういう精神疾患がＰＴＳＤ（心的外傷後ストレス症）と言われているものですが、長期間にわたって囚われの状態にあって、継続的に虐待を受けた場合には、問題が複雑化して、複雑性ＰＴＳＤが起きるというのです。

健常な子どもとして生まれてきても、劣悪な家庭環境に出会ってしまうことによって、発達障害っぽい子になってしまうということはあると思います。というのも、私は発達障害の自助グループのほかに、ＡＣの自助グループ――ＡＣというのはアダルトチルドレンですね。つまり子どもの頃に家庭が壊れていて、そういう機能不全家庭で育って成長した人のことをアダルトチルドレンと言うわけなんですけれど——もやっていて、発達障害に典型的な症状や特性があまりないのに、どことなく発達障害っぽくなっている人が多いと感じます。

それは、やはり子どもの頃からの心の変化でそうなっていくし、歳を取ってからでも、たとえば重篤な病気を負ってしまって、長期にわたって継続的に治療しなければならず、社会生活が困難になってしまった場合、複雑性ＰＴＳＤに罹《かか》っている可能性があるんではないかと思っていて。そういう人たちは発達障害者っぽい要素があると、私は思います。

頭木　それは興味深いですね。第四の発達障害もあるんじゃないかと主張している人がいるという段階ですか？　まだ一般的ではない？

横道　そうですね。杉山登《と》志《し》郎《ろう》という精神科医が以前からそう提唱しているんですけど、私がいま言ったような「複雑性ＰＴＳＤと同じではないか」っていうのは、最近言われだしているというあたりですね。医学的な定説になっているわけではありません。

グレーゾーン

頭木　発達障害は、以前は病気としてあつかわれていたということでしたが、いまではあつかいが違うのですか？

横道　発達障害という概念が認知されたのは、ここ数十年のあいだです。日本で発達障害者支援法が施行されたのが2005年、それから2023年現在までで18年間ですから、非常に新しいというか若い概念だと思うんですね。

それ以前から自閉症とかADHDというのは知られていたんですが、中度や重度の知的障害を併発していないと、診断されにくかった。けれども、自閉症にしてもADHDにしても、非常に外縁が広い。いわゆるグレーゾーンと言われる人々ですね。はっきり診断に至らないけれども、その性質を持っている人がいることがだんだんとわかってきて、自閉症に関しては2013年に発行されたDSM-5で「自閉スペクトラム症」という診断名が正式に採用されたんです。

スペクトラムというのは連続体という意味ですけれど、自閉症的な特性を持っている人っていうのは想像以上に多くて、しかも、いろんなかたちで、いろんな濃度や、いろんな特徴を持って、人それぞれに違った現れ方をしてくることがわかってきました。自閉スペクトラム症と診断された人たちのあいだでも多様なのですが、グレーゾーンと呼ばれる外縁があって、ますます多様なのです。

頭木　心の病気と体の病気の違いのひとつに、診断の確実性ということがあると思います。体の病気だと、たとえば血液検査の数値だとか、CTやMRIで、なんの病気か明確に診断できる場合が多いわけですけど、心の問題の場合はなかなかそうはいきません。そのあたりの診断の不確かさについてはどう思われますか？

横道　発達障害は、この15年くらいで急に認知度が高まったので、多くの人の認識はまだまだ追いついていません。２０１０年代には「発達障害ブーム」と皮肉を言われたようです。発達障害者支援法やＤＳＭ‐５が状況を変えてから、従来は「それっぽいけど違う」あつかいだった人たちが、どんどん診断されるようになっていきましたから、過剰診断だと批判する識者は多くいました。

いまでも、とくに女性の発達障害者に関しては、診断基準に問題が多いと言われています。たとえばＤＳＭ‐５には、自閉スペクトラム症者の男女比を比べると、男性は女性の4倍多いと書いてあるんです。でも、それはじつは自閉スペクトラム症の診断基準が、そもそも男性や男児を中心に作られてきたからではないかという指摘が増えています。女性や女児の場合では男性や男児とは違った現れ方をする傾向があるんだけど、そのことが診断基準に入っていないんじゃないかというわけです。

たとえば「女の子だからね」「ちょっと不思議ちゃんなんだよね」「ヒステリックで困った」とか言われて放置されてきた人たちが、自閉スペクトラム症者として診断されなおすということが、増えています。

脳の多様性

頭木　自閉スペクトラム症やＡＤＨＤと診断される人が増えてきて、重い人だけでなく、グレーゾーンの人もたくさんいるとわかってきたと。

そうすると、「病気」なのか、「障害」なのか、という区別よりも、そもそも「病気や障害」なのかということが問題になってきますね。

横道　それに対する大きな問題提起として、90年代から自閉症の権利運動として、「これは『脳の多様性』なんだ、『ニューロダイバーシティ』なんだ」という見解が出てきたわけなんです。英語圏から始まって、世界中に広まっています。

先行する同種の運動には、１９９５年に日本で出された聾《ろう》文化宣言などがあります。耳が聞こえないということは、いまでも多くの人にとっては「障害」だと思われていると見受けますけれども、実際に耳が聞こえない人たちから、じぶんたちはそういう独自の文化を生きているんだという考え方が出されて、広く支持されるようになりました。

つまり、自閉スペクトラム症をたんなる「欠損状態」と考えるのではなくて、独自の文化を生きている状態なんだと考えるわけです。『ニューロダイバーシティの教科書』（金子書房）という本を出した村中直人さんは定型発達者をWindowsに、発達障害者をMacに喩《たと》えて、Mac

にできなくてWindowsにできることがあっても、それは欠損や障害じゃないと説明しています。

さかのぼれば、黒人の人権運動とか、女性のフェミニズムとか、そういうものにもつながっています。それまで認知されてきた白人文化とは違ったかたちで黒人文化があって、それは劣っているとか低俗だとか卑《いや》しいとか、そういうことではないと。

頭木　病気や障害、優劣というとらえ方ではなく、それぞれの文化であって、そもそも多様なものなんだということですね。

横道　発達障害には発達障害の文化がある。日本ではとくにこれが最近注目されていて、2022年の5月には、経済産業省がニューロダイバーシティを尊重しながら経済を回していこうという宣言を出していました。

じぶんたちの文化を生きている

頭木　文化というお話が出ましたが、体の病気との大きな違いのひとつだと思うんです。たとえば、私の病気は難病ですから、治らないわけです。そういう意味では、発達障害が治らないのと同じなんです。ずっと病気の状態で生きていくことになります。

じゃあ、体の多様性ということで、「潰瘍性大腸炎の文化」がありえたり、「潰瘍性大腸炎は個性だ」と言えたりするかというと、そういう発想はだれからも出ないわけですよね。私自身も、それはありえないと思います。そういう違いについては、どう思われますか？

横道　私は潰瘍性大腸炎の文化はあるんじゃないかと思っています。耳が聞こえない人たちが、「いや、これは文化なんだ」と言ったときに、たぶん多くの人の反応は、「はあ？」という否定感のあるものだったのではないでしょうか。「人並みになれない人たちが強弁をしているだけだ」と受けとめた人は多かったのではないでしょうか。いまでも「身体障害は文化だ」という考え方に、「そんなわけないでしょ」と否定する人は珍しくないような気がします。

でも、聾の人たちには聾の人たちの感じ方や考え方というのがやっぱりあります。もちろん全員が同じような感じ方や考え方をするわけではないんですけれども、ひとりひとりの体験世界を総合していくと、聾の集団にとってきわめて固有性の高い感じ方や考え方がやはりある。おそらく耳が聞こえない人たちは「そういうこと、めっちゃよくあるよね！」と「聾あるある」話で意気投合する場面が多いんじゃないでしょうか。その体験世界の総合性を文化と呼ぶわけです。

もちろん、この意味での文化が各言語や各コミュニティに宿る従来の「文化」とほんとうに同一なのかという問題に関しては、また整理が必要な案件かとは思うんですけれども。発達障害の場合でも、基本的にはみんな千差万別で、それぞれの人が違った感じ方や考え方をしているわけなんですが、発達障害者にありがちな感じ方や考え方、定型発達者にはあまり現れない感じ方や考え方っていうものがやはりあることも、まちがいありません。そういう体験世界を生きているという点で、発達障害者はじぶんたちの文化を生きていると思うんです。

潰瘍性大腸炎にしても、潰瘍性大腸炎の人が体験しがちな体験とか、あまり潰瘍性大腸炎の人にはないかなという体験というのは分かれると思うので、それらの体験世界の総合性はやはり「文化」と呼びうると思います。少なくとも私は、頭木さんの本を読んでいると、頭木さんは難病患者として固有の文化を生きてきたんだなと感じます。

頭木　独特な体験の総合性としての文化ですか。それはちょっと考えたことがなかったです。

「バリ層」「ギリ層」「ムリ層」

横道　先の経産省のニューロダイバーシティ宣言に関して、「使える発達障害者」だけを利用して、「使えない発達障害者」は切りすてるという、いますでにあちこちで発生している雇用現象を強化するだけではないかという批判があります。

発達障害者が集まっているSNS上のクラスターは「発達界隈《かいわい》」と言われています。その発達界隈で人気のある発信者の借金玉さんは、「バリ層」「ギリ層」「ムリ層」という3分割を提案しています。バリバリやっている層と、ギリギリな層と、やっていけない「人生もうムリだ」という層とですね。それによって、人生も対処法もぜんぜん違ってくるんだということを言っています。

私なんかだと、発達障害者としてやはりいろいろ発信していますけれど、多くの発達障害者には、まるで共感されない存在ではないかなと考えて、悲しい気分になります。大学の先生をやっていて、本をいろいろ出版して、健常者からもうらやましがられることが多いので、「障害者仲間」として共感しづらい相手なわけですね。

でも、私だって「バリ層」じゃなくて、「ギリ層」、いや「ムリ層」な側面はあるんだと思っています。たとえば発達障害者でも、スルッと恋愛して、スルッと結婚する人なんかもたくさんいるので、家族を持っている仲間たちのことは、ひそかに「このやろうども」と嫉妬《しっと》していますね（笑）。

頭木 非常に優れた天才的な人がいるのは、同じ発達障害者としてひとつの救いとなるんでしょうか？

横道 そういうふうな能力がない人にとっては、やっぱりうとましいものではないかな。

韓国のドラマ『ウ・ヨンウ弁護士は天才肌』。これを私は大いに感動して見たんです。自閉スペクトラム症の特徴が的確に演出されている。主演のパク・ウンビンの演技は絶妙で、本物の当事者そっくりに再現されている。

閃《ひらめ》きが起きた瞬間に、クジラやイルカが海から空中にザパーンと飛びあがってというのも、すごくよくわかるんです。ああいう感じで閃きがおりてくる瞬間を私はよく体験しています。

私は発達障害の仲間たちとともに、「じぶんが推しているものを分かちあう」という内容の会をやっているんですけれど、『ウ・ヨンウ弁護士は天才肌』は、あんまり共感されていませんでした。「天才系の発達障害の人は、もういい」と。

女性からの反発がけっこうありました。かわいい女優さんがウ・ヨンウを演じていて、イ・ジュノというイケメンで人柄も抜群という「理解のある彼くん」が登場する。どうやって共感すればいいのか？　と。発達界隈を含む「メンヘラ（メンタルヘルスに問題のある人）界隈」では、「理解のある彼くん」という流行語があって、恋人がいない女性たちから非常に憎まれている概念です。発達障害者の女性が小説やマンガをネットで発表したら、典型的なパターンとして、「発達障害で生まれながらに苦しんできたんだけれど、人生のある時点で理解のある彼くんが登場して、結婚して幸せになりました」という話を発表してしまう。じぶんがこうやって人生に希望を持てるようになったんですよ、と大々的にアピールしたくなる。そういうふうな出会いにはたどりつけていない女性たちからも、「メンヘラ女性には需要があっても、メンヘラ男性にはそんなものはない」と鬱屈する男性たちからも、憎しみを買ってしまいます。

障害のある人同士が足を引っ張りあうという現実があるんです。みんなで力を合わせて、権力を持っている側、強者に対して立ちむかえばいいと思うんですけれど、勇気というものをへし折られながら生きてきたものだから、弱者仲間に憎しみがいってしまう。「じぶんは負け組だ」と苦しんでいるあまり、「おまえも負け組のくせに勝ち組っぽくふるまいやがって」と、別の障害者にヘイトの感情を向けてしまうことは、珍しくありません。

健常者からの反発

頭木 発達障害者のなかには大成功する人もいるわけですけど、そうすると一般の定型発達の人たちからの反発も出てきますよね。発達障害者がかわいそうな存在であれば手をさしのべる人でも、じぶんたちよりもグーンと上に行ってしまうとなると、発達障害者を叩こうとする動きも出てくると思うんですけど、そのあたりはどう思われますか?

横道 まさしくそうです。だから私は、『ウ・ヨンウ弁護士は天才肌』のなかで、いちばん強烈に感動したのは、ウ・ヨンウを憎んでいる同僚の男性クォン・ミヌが、もうひとりの同僚の女性チェ・スヨンから「強者を攻撃しなさいよ。弱者ではなくて」って詰められたときに、「ウ・ヨンウは強者だろうが!」って叫びだす場面なんです。「彼女がどれだけ活躍しても、じぶんはやりかえせない。彼女は自閉症者だからだ!」って。

これには痺《しび》れました。弱者男性(じぶんは弱者なのだからという理由で、フェミニズムなどを敵視する男性)の言い分や、インセル(恋愛やセックスの相手を得ることができないのは女性側に原因があると考える男性)の言い分に近い面もありますし、考えさせられました。というのも、私は一面では弱者男性やインセルは身につまされると感じていますから。大学の先生をやっていなかったら、インセルとして弱者男性論者になっていた気がします。

そして、クォン・ミヌに共感のようなものを感じながら、一面では自閉スペクトラム症者なわけですから、攻撃されているウ・ヨンウにもシンクロしてじぶんごととして同情してしまう。障害があると、「おまえは世間様に対して、もっと申し訳なさそうにしながら生きろや」と人から思われてしまうわけです。私が『ウ・ヨンウ弁護士は天才肌』をすばらしいと思う理由のひとつは、天才であっても自閉スペクトラム症者は生きづらいということを的確に描いているからです。あれだけ天才的な能力があっても、ほんとうに生きづらくて、つらい人生になることが描かれていたので、感動しながら見つづけました。能力の低いところが目立つ場合は、「障害者だからね、かわいそうだね」と無視しながら気にせずに済むんですけれども、能力の高いところが目立つと、「なんでおまえは障害者なのに」あるいは「なんでおまえは女なのに、健常者の俺、男の俺よりも上を行くんだ」と無視できなくなって、ウ・ヨンウは憎しみを買ってしまったわけですね。

能力社会と環境

頭木　女性問題をテーマにしたハリウッド映画を見ていて気になることがあります。「非常に高い能力を持っているのに、女性であるがゆえに、男性社会のなかで認めてもらえない現実がある。男女差別をせずに、能力を認めるべきだ」という問題意識で作られている映画がとても多いと思うんです。

たしかに差別をせずに女性の能力を認めるべきというのは、そのとおりなんですが、じゃあ、「高い能力を持っていない人はどうなるんだ？」というのが気になるんですよね。能力差別のほうは是認というか、より強めてしまっていないかなと。

発達障害の場合は、差別的な対応がありながらも、高い能力で乗りこえている人もいます。でも能力が低いせいで大変な思いをしている人もたくさんいるわけですよね。「能力のある発達障害者をちゃんと認めろ」ということでは、発達障害者全体への差別に対する批判としては、的はずれになるとさえ思います。そのあたりは、どう思われますか？

横道 発達障害のせいで能力が高まっていると言えるのかどうかは、けっこう難しい問題です。「めちゃくちゃ能力の高い人の一部が偶然、発達障害者だというだけでは？」と考える人もいます。いずれにしても、能力が高い人はそのままバリバリと活躍してくれていたらいいと私は思います。

問題は、環境の調整によって能力を発揮できるんだけれども、環境が調整されないから発揮できないという人たちがいっぱいいることです。豊富な人材が発達障害者のなかに眠っていて、活用されていないということですから、これはなんとかしてほしいと思うんですよね。その人たちをなんとかするために環境を調整することは、発達障害がない人にとってもメリットがあることなんです。

多くの研究が明らかにしているように、能力の問題って、じつは生まれながらの親の遺伝子による部分が非常に大きいです。家庭環境がどうだったかも決定的な意味を持つでしょう。能力の低さは必ずしもその人の努力不足のせいだけではない。

障害者として能力が低いから仕事にありつけないとか、差別に遭うとか、それっておかしなことです。おかしなことなのに、自己責任論が蔓延《まんえん》して、当事者はじぶんのせいだと思っていることも多い。それぞれの能力が生かされる環境を作りつつも、能力が低い人が惨《みじ》めな思いをしないで済むような社会ができたらいいなと思います。

2

難病とは

横道 → 頭木

潰瘍性大腸炎のダイバーシティ

横道　まずは、潰瘍性大腸炎についての基本事項から伺いたいんですけど。これはやっぱり、ある意味でダイバーシティがあるというか、多様なものなんですよね？

頭木　ええ。病状は人によってかなり差がありますね。潰瘍性大腸炎という病気は、安倍晋三元首相の辞任の理由となったことで有名になりましたが、すべての患者が安倍元首相と同じような病状ということではありません。もっとずっと軽い人から、もっとずっと重い人までいます。安倍元首相がほんとうに潰瘍性大腸炎なのかという疑惑も話題になって、私もよく訊かれましたが、正直、同病者でもその真偽は判断がつきません。それくらい、人それぞれということです。

胃潰瘍という病気は有名なので、潰瘍というのはなんとなくイメージできるかと思います。

それが大腸にできるわけですね。大腸って、長い人だと2メートルぐらいあるんですよね。そうすると、その長い大腸の、どれくらいの範囲に炎症が起きるかというので、もうぜんぜん病状が違うわけです。直腸炎型と言って、肛門から20センチくらいの直腸の部分しかならない人もいるんです。左側《さそく》大腸炎型と言って、もう少し上までなる人、私のように全大腸炎型と言って、大腸の全部がなる人、大きくは3つに分けられます。

ただ、直腸炎型でも、かなり炎症がひどいっていう人もいて。それはそれで大変なんです。つまり、炎症の激しさの度合いも違いとしてあるわけです。だから、炎症の面積とその激しさですね。

あと、薬が効くかどうかですね。薬が効く人もいれば、難治性《なんじせい》と言って、なかなか薬が効かない人もいて、これも大変な違いです。

なので、日常生活にほとんど問題がないという人から、寝たきりとか、命にかかわるっていう人までいます。人によってぜんぜん違いますし、使っている薬も違ったりするし、一様じゃないんですね。

だけど、世間的にはやっぱり「こういうもんでしょ」っていうふうにひとまとめにとらえたいから、有名な人とか身近な人の例を、ほかの同病者にも当てはめてしまうんですよね。私もこれまで「親戚に同じ病気の人がいるけど、元気に働いているよ」とか、「私の知りあいは○○という薬で治ったたって言ってたよ」とか、いろいろ言われたことがあります。病気の当人が眼の前にいるのに、じぶんが知っているほかの例に当てはめて、そこからはみだしていると、怪訝《けげん》そうにするんですよね。「そんなはずないでしょ」とまで言われてしまうことがありますから。じぶんの病状を、他人から否定されるという、なかなか不思議なことが起きるわけです。

「難病」というあつかい

横道　軽い場合っていうのは、たとえばどのくらいですか。

頭木　直腸炎型で炎症もひどくない知りあいがいましたが、日常生活にまったく支障がないと言っていました。それこそ、ちょっと痔があるくらいの感じだそうで。全大腸炎型の人でも、寛解期《かんかいき》（炎症が治まっている時期のこと）が10年以上続く人もいるんです。

そうすると、難病者とか言われたくないという気持ちも湧いてくるわけですね。病人のなかにも病人差別の感情はありますから。生活が苦しい人たちのほうが、生活保護の人たちに攻撃的になったりするように、病状の軽い人は、病状の重い人を恐れ憎み嫌う場合があるんです。そちら側にいくかもしれないという不安が、「いや、じぶんはそっちとは違うんだ！」と、拒絶反応を強くするんですね。

それで、患者会なんかでも、「難病指定を外してくれ」と、声高に言う人をよく目にしました。こっちは「なんてことを言ってくれるんだ！」とびっくりしました。寝たきりで生活が苦しい人もいるわけで、医療費を払えなくなったら、死ぬことになりますから。

そんなことを言ったら、政府は喜んで外しますよね。そのせいかどうかはわかりませんが、以前は軽症でも医療費助成の対象として認定されていたんですが、２０１５年に指定難病助成制度が新しくなって、２０１７年末で経過措置も終了し、いまはもう認定されるのは「中等症」以上の患者だけです。厚生労働省の資料（２０１８年）によると、潰瘍性大腸炎の患者の約31パーセントが認定されなかったそうです。認定された患者も自己負担上限額が上昇したりしました。そのせいで、受診回数を減らす人が増えて、再燃《さいねん》したり（潰瘍性大腸炎では再発と言わず、再燃と言います）、重症化したりする人が増えたそうです。

軽症の人は、これでほんとうにうれしいんでしょうか？　難病と認定されなくなっても、難病ではなくなるわけではないですから。病気はそのままで、あつかいだけ軽くしたって、かえって困ったことになりますよ。いま、「コロナはただのカゼ」と主張する人がたくさんいますが、それと近いものを感じますね。

脚本家の山田太一さんが「断念するということ」（頭木弘樹編『絶望書店――夢をあきらめた9人が出会った物語』河出書房新社）という文章のなかで、「目をそむければ暗いことは消えてなくなるだろうと願っている人を、楽天的とはいえない。本来の意味で楽天性とは、人間の暗部にも目が行き届き、その上で尚、肯定的に人生を生きることをいうのだろう」と書いていらして、ほんとうにそうだなあと思いますが、これは難しいですよね。ただ悲観的になるか、あるいは「目をそむければ暗いことは消えてなくなるだろうと願っている」か、どちらかになりやすいですね。

「同病相憐れ」めない

頭木　先の直腸炎型の人も、「私は難病者ではない」という意識を持っていましたが、海外旅行をしたときに重症化して、全大腸炎型となってしまい、すごくショックを受けていました。そっち側とは違うと思っていた集団に入ることになって、ショックだったんでしょうね。人種差別をしている人が、ＤＮＡ検査でその人種の血が混じっていることを知ったようなものです。

というわけで、同病者でも、ぜんぜん意見が違うことがありますし、同じ病気だからわかりあえるとは限らないですね。ほんとうは私は、同病相憐《どうびょうあいあわ》れむというのを、たっぷりやってみたいんですが。

そのあたりは発達障害だと、どうですか？　発達障害者同士なら、「話が合いそう」ってなるのか、そうでもないのか、どうなんでしょう？

横道　フィーリングが合うことは多いですけれど、似た者同士だからこそ憎みあうっていう事態もあるので、文学作品に出てくるドッペルゲンガー（分身）のモティーフには、納得できます。そっくりのやつが現れたら、殺さなければいけない、という話がありますよね。

出会う人が似すぎてるっていうことは、言葉が悪いですが、その人がじぶんの「劣化バージョン」に見えたり、逆にじぶんの「上位互換」に見えるんですよ。それってすごくつらいことだと思いません？

頭木　ああ、上位互換はつらいですね。同じ病気なのに、こんなに違うんだっていうのはね。

横道　そう。じぶんによく似た人なのに、いろんな能力がいちいちじぶんを上回っていたら、無力感に囚われます。逆に、じぶんの劣化バージョンに見える人は、じぶんをあちこちデフォルメしたように感じられる存在なんです。「ざっくり言えば、じぶんもこういう系の人間か」と思われて、胸苦しい。

頭木　わかります。私も、ほかの人の体験記を読むのはかなり躊躇《ちゅうちょ》してしまいます。軽いのは参考にならないですし、重いのは、もっと大変な状況もありうると知るのが怖いですし……。

あと、軽い病状で「この病気、そんなに大変かな？」とか言っていた人が、少しひどくなってしまったとき、つい、「ようやくわかったか」と少し溜飲《りゅういん》をさげてしまうところがあって、そういうじぶんの心理に気づくのも嫌ですね。そういうことを思ってはいけないと、すごくじぶんを戒《いまし》めてはいるんですが。

病気の始まり

横道　突然、難病患者になる経緯って、どういうものなんでしょう？

頭木　うーん。私は、病人っていうのは、じぶんとは関係ないと思ってたんです。それまでは丈夫でしたし、大学に入って、ジムのトレーニングみたいなのをやっていて、筋肉もつきだしていた頃だったんで、ほんとうにじぶんの身にふりかかるという意識がまったくなくて。

もっと早く病院に行っとけば、もっと軽くすんだのにって。これを言う人は多いですよ。

横道　最初は19歳ぐらいでしたっけ。

頭木　20歳のときでした。最初は下痢《げり》なんですよ、ふつうの。それが何カ月も続いたんですね。でも、ぜんぜん節制していなかったんで、そのせいでなかなか治らないだけだろうなと思って、まるで気にしてなかったんです。

それが血便になって、さすがにびっくりしたんです。血便なんて初めてですからね。これはただごとじゃないと。『家庭の医学』とかを本屋さんで見ると、死ぬような病気ばっかり出てくるんです。今度はもう命が危ないと思っちゃって。それで病院に行くのが怖くなって。

ようやく病院に行ったときにも、血便が出てるとは言わなくて。ただ下痢してるって言って。だから下痢止めが出るだけで。あとから思うと潰瘍性大腸炎に下痢止めって、すごく良くなかったわけですけど。

これが落とし穴なんですけど、1回、完全に治ったんですよ。血は止まるし、普通便になるし、完全な健康状態に戻って。「あっ、なんだ、よかった」と思って。それから1、2週間ですかね。また血便が始まっちゃって。でも「前、治ったから、これもまた治る」と思って、おかゆ食べたりとか気をつけていたんですが、どんどんひどくなっていって。もう血しか出ないみたいな感じになったんですよ。ビシャーッと血が出て、もう便器が真っ赤で。それが1日に何回もになっていって、どんどん弱ってくるわけですよね。あれはおそろしい展開でしたね。

病院へ行っても後悔続き

頭木　それでもまだ、病院に行って、やっぱり血便って言えなくて。医者が大腸ファイバーの検査を受けたらどうかと言って、「それどういう検査なんですか?」と訊いたら、「カエルのお尻にストローをさして、ふくらませたことある? ああいうふうにプーッとお腹をふくらませて、なかを見るんだよ」と言われて。そんなもん、受けたい人いませんよね。そのカエルの立場になりたいかっていう話ですからね。
で、検査も受けなくて。あの医者のことは、ちょっと恨んでますけどね。あそこで「簡単な痛くない検査だよ」と嘘をついてほしかったです。それが無理でも、せめてカエルとか言わないでほしかった。検査を受けていれば、すぐにわかったわけです。

それで家で寝ていたんですが、お腹は痛いし、熱は出るし、血は足りなくなるし、だんだん精神状態がふつうじゃなくなっていって、じぶんでも状況がよくわかんなくなっていたんだと思いますね。

最終的にはかなり高熱を出して、壁をかきむしったりしていたらしいです。よく覚えてないですけど。友だちが来て、これはいけないというので、もう強制的に、車に乗せて病院に連れていってくれたんです。

それで大学病院に行けば良かったんです。せっかく大学にいたんですから。でも当時、大学病院に行くと医者の卵の実験台にされるってみんな言ってて。私もそれが怖くて、「大学病院は嫌だ」と前から言っていたので、友だちは別の病院に連れていったんです。ところが、そこの医者がなかなか曲者《くせもの》でね。それも後悔してるんです。ひどい目に遭いました。

やっぱり、難病になったら、大学病院とか、専門的な病院に行ったほうがいいですね。

身体イメージの変化

横道 頭木さんの著書『食べることと出すこと』（医学書院）では、病気になってから、身体イメージが変更されたっていうのが、私にとっておもしろかったです。ふつうに風が吹いただけでよろめいた、という経験があったりとか。

頭木　体って、考えてみれば、子どもからおとなになっていくときに、かなり変化するわけですよね。背が伸びたり、肉がついたり、第二次性徴が現れたり。でも、昆虫のように大きく変態するわけじゃないし、年数をかけてゆっくりだから、身体イメージの変化みたいなことは意識しないですよね。

それが、私の場合は病気のせいで突如、26キロも体重が落ちて、筋肉もごっそりなくなったんで、なんだか別の体になったみたいで、新しい別の体に慣れなきゃいけないという感じでしたね。

じぶんの体って、こうしたらこうなるっていうのがわかってるわけですよね。そういう予想がつかなくなるんです。これまで平気だった動作が痛かったり。カバンを持つときに、ひょいと持てると思ってたら、新しい体では、カバンを重く感じてよろめいたり。またげると思ってたところでつまずいたり。だから、新しい体の使い方を一から覚えなきゃいけなかった。

それは不思議な体験でしたね。いっぺんにガクッって変わるっていうのは、なかなかふつうはありえないじゃないですか。太ったり鍛えたりして体が変わることはあっても、ある程度時間がかかるから。

カフカの『変身』で、虫になったグレゴールが体をケガするんですよね。お父さんに押されて、体の片側がドアにこすれて、ずるっとむけちゃうんです。そしたら、ミルクを飲むときに、非常に不自由があるっていう描写があるんですよ。胴体のケガで、口のケガじゃないのにです。あれはすごいなと思って。体のどこかの動きが変わると、そこだけじゃなくて、すべての動作に不自由が起きるんですよ。それを見事に描いてあって、なんでカフカはそれを知っていたんだろうと不思議で。

骨を噛んでる犬がうらやましい

横道　治療中にした絶食っていうのも、かなりつらい体験なんでしょうね。

頭木　絶食というのは独特の体験ですね。私の場合は、点滴で栄養は入れてるわけです。ふつうの点滴じゃなくて、心臓近くまで管を入れるやつで、濃いやつが入ってるんですよ。だから、何カ月かはそれだけで生きていくことはできるわけです。

なので、飢餓はないわけですよ。でも、なんにも食べない飲まないっていうのは、かなり異様な状態で。そんな状態で生きるって、ほんとうはありえないわけですよね。

最初は全体的に変な感じだったのが、だんだんなにか噛みたいとかね。それをはっきり自覚したのは、隣のベッドのおじさんが、じぶんの犬の写真をいろいろ見せてくるんですよ。かわいいでしょって。そしたら、その犬が、骨型のガムみたいなのあるでしょ、あれをガーッと噛んでるやつがあって。「うらやましい！」と思ったんです。「じぶんも噛みたい！」と思っちゃって。そのあとですぐに「えっ？」と思って。「なんでこれが噛みたいんだ、俺は」みたいな。ふつう、あれを見て噛みたい人はいないですよね。そういう「噛みたい」とか「飲みこみたい」とかの欲求が出てきて。飲みこみたいも気持ち悪いでしょ。ヘビじゃないんだから。でもなにかを飲みこみたいと思うんですよね。

あと、胃が「なんか入れろ入れろ！」と怒って文句を言ってる感じもするし。体の各部分が自己主張を始めだして。「これ、どうなるんだろう？」と思いました。いままでひとつにまとまっていたチームが、内部分裂を始めて、ケンカを始める感じでしたよ。

横道　病気になる前に、好物ってあったんですか。

頭木　いえ、あんまり食べ物への執着がなくて。食事に時間をとられるのはもったいないから、錠剤になればいいのにと思ってたんですよね。そしたら、ほんとうに栄養剤とかを飲むことになっちゃって。すごく嫌でしたね。

横道　それは多少の救いですよね。「あれだけ好きだったものが食べられなくなる」っていう体験も付属していたら、つらさは倍増するかなと思います。私は最近糖尿病になって、食べるのが望ましくないものがいろいろあるので、人生の喜びがガクッと減っちゃって。

頭木　それ、つらいですよね。

横道　炭水化物がダメなんですよ。血糖値をあげないために、じぶんで注射してから食事する。満足度を補うために、タンパク質の多いものをどうしてもとりがちになるんですけれど、そうすると今度はコレステロール値があがっちゃって。それで今度はコレステロールをさげるために薬を飲んだりして。

いまは家に0カロリーの飲み物を大量に備蓄しております。分解されずに排出されるので、いくらでも摂取できる。でも0カロリーだから、脳が喜ばないんですよね。満足してくれない。

頭木　そういうもんですか？

横道　そう。飲んでるときは甘くて舌が喜んでくれるけど、ちゃんとカロリーがあるものと違って、幸福感がそんなに持続してくれない。

豆腐は神だった

頭木　私の場合、低残渣食《ていざんさしょく》っていうのをとらなくちゃいけなくて。残渣っていうのは、残りカスですね。残りカスのなるべく少ない食べ物をとらなきゃいけない。いちばんカスになるのが、野菜の食物繊維ですね。だから野菜はぜんぶ裏ごしして食べる。この野菜の裏ごしって、すごく大変なんですよ。やったことありますか？

横道　皆無です。

頭木　もう思いがけない重労働で。ものすごいがんばって、ちょびっとしかできないんですよ。だから、とるカロリーより使うカロリーのほうが多くて。私の場合は、カロリーをたくさんとらないと、痩《や》せて死にそうなわけですから、これはまずいなと思いながら、でもしょうがなくて。

あと、半熟卵。これも固ゆでにしちゃダメなんです。生卵もダメなんですよ。どちらも消化が良くないから。半熟だけ消化がいいんです。

それから豆腐。豆腐はすばらしいですね。豆腐屋さんがオカラというカスをとってくれているわけです。ほんと助かります。

横道　豆腐は低炭水化物なので、いまの私にとってもありがたい。おなかに溜《た》まるし、冬は湯豆腐がじつにうまい。豆腐がある文化圏に生まれて良かったですね。

頭木　私は、豆腐は神だと思ってますね。だから、豆腐を好きな人も好きです。大村益次郎《ますじろう》とか。

横道　豆腐つながりで。

頭木　ええ。大村益次郎が、手柄を立てた部下を家に呼んで湯豆腐を御馳走したら、部下が「こんなもん!」って怒ったっていう話があって、それはもう部下が良くないと思うんですね。湯豆腐はすばらしいぞと。

一方で、ササミにはすごく飽きてしまいました。味にではなく、噛み心地に。肉はササミが脂肪もなく消化も良くていちばんだというので、ササミばっかりずっと食べていたんです。ササミって、噛む感触というものが、まあわりとありますよね。そうすると、その感触に飽きるんです。「別の噛み心地のものを食べたい！」って、すごくなっちゃって。

基本的にやわらかいものしか食べてないから。なにかにかじりつきたいっていうのは、ずっとありましたね。なんか、狼男気分ですよ。いつもなにかにかじりつきたい、かぶりつきたいと思っていました。

インターバル 1

壊れた体、世界一の体

横道　ワールドカップを見ていたとき、サッカーにものすごい興味があるわけじゃないんですけれど、頭木さんがメッシのファンなので、そこを気にしながら見ていました。

頭木　それはありがとうございます。

横道　メッシの魅力って頭木さんにとってどういうところにあるんでしょうか。私はこの方面に知識がないんでザツなことを言いますけれども、よく比較されるクリスティアーノ・ロナウドって、ふつうのサッカー選手っぽい雰囲気じゃないですか。それに対してメッシって鬱っぽい顔をしてるから、私もどっちかを選ぶとしたら、メッシを絶対に選ぶんですけど。

頭木　病気になった人間って、やっぱりじぶんの体は劣っているというふうに思いますよね。とくに難病ともなれば、ほかの人たちよりずっと劣っているんだなと。そういう思いがあります。

ところが、メッシは生まれつきの難病があるんです。それでも世界一、歴史上でもいちばんかもしれないと言われるほどのサッカーの選手なわけです。スポーツというのは、当然、体が重要ですから、ある種、世界一の体なわけです。難病という壊れた体でありながら、一方で、世界一の体でもありうるのかと。ロナウドも若い頃、心臓の手術をしているんです。トップのふたりが、そういうふうだというのは、すごく驚きでしたし、やっぱり救いに感じられました。

それと、横道さんも言われたように、メッシは内気で、一般的にはスポーツ向きとは言えない性格ですよね。これもやっぱり、とても珍しいことですから、そこもとても惹《ひ》かれます。スポーツの世界で成功する人って、攻撃的で前向きでエゴイストで、「俺様が世界一だぜ」みたいな感じの人が多いですから。『カンプノウの灯火――メッシになれなかった少年たち』（洋泉社）という、すごくすばらしいドキュメンタリー本があるんですが、すばらしい才能を持っていても、やはり性格的なことでうまくいかない選手も多いんですよね。メッシのような性格の選手が成功するというのは、ほんとうにうれしいです。嫌な性格の人が世界一で、「ああいう性格でないとトップには立てない」とか言われなくて、ほんとうに良かった。メッシが世界一であることは、とても良い影響を世界中に与えていると思います。

それから、メッシは、神の子と呼ばれるように、奇跡としか思えないプレーをしてくれますから、それが好きというのもあります。ありえないことをやってくれるわけで、私はどこかで、なにかありえないことを求めてるんだと思います。

横道　なるほど。やはり基本的には私と同じような感受性で好きな面が大きいんだなと思いました。

気がつけば
いじめられている（横道）

ラウンド 2 どんな人生か？

病気して、手術して、
社会にも出られず（頭木）

3

頭木 ← 横道

発達障害と生いたち

まわりは異星人ばかり

頭木　今回は、横道さんの人生の流れに沿ってお伺いしたいのですが、成長の過程でじぶんはほかの人とどこか違うなとお感じになったのは、いつですか？

横道　小さい頃からそうですよ。たとえば幼稚園のときなんかに、気持ち悪がられたり、友だちが作れなかったりとかして。友だちができても、そいつはじつはたんなるいじめっ子で、こちらを子分のようにしかあつかってくれないようなことが何度もあって。そういう人生が長く続いたので、じぶんはみんなと違うんだなと感じてきました。

幼稚園で、あるときに女の子が「私は誠くん好き」と言ってくれて。それはなんでかと言うと、「誠くんはスカートめくり、せえへんもん」と言ったんですよね。当時は「セクシャルハラスメント」という言葉も社会的に認知されていない時代で、いまなら問題行動ですが、男児のあいだでは、女児へのスカートめくりが流行っていました。でも私はまわりの男児がそういうことに夢中なのに気づかなかっただけなんです。自閉スペクトラム症があると、ひとりの世界に没頭するのを好むので、まわりの人に良くも悪くも同調しづらいという傾向があるんですね。

あえてザツに言えば、私は「鈍い人」というわけですから、「じぶんというものをしっかり持っている人」とは、ちょっと違うかもしれません。定型発達者と発達障害者とでは脳の神経構造が違うから、集団的にワーッとなにかをやるということができないんですね。そういうことに向いていない。

頭木 いろんな面でそういうことがおありだったわけですね？

横道 はい。また、文字どおりのものじゃなかったら理解しづらい、そして納得しづらいという特徴も、自閉スペクトラム症によく言われていることです。

小学6年生のときに、友だちが本を読んでいて、「それなに？」って尋ねたら「小説」って答えが返ってきたんです。その「小説」という字を教えてもらったのですが、「小」さい「説」というのが私には混乱の種で、不安になりました。あとから図書室に行って辞書を引くと、「物語」のことだとわかった。しかしなぜそれが「小」さい「説」なのかがわからない。頭に残ってくれない単語なんです。

さらに調べて、『論語』などの四書五経が「大説《だいせつ》」と呼ばれていて、そうではない、ろくでもないものとして「小説」という名称ができた、と知ってから、ようやくその単語が頭に居座ってくれました。

頭木　ああ、そうなんですか。それ、いま初めて知りました。

横道　だから「新聞」という言葉にも悩みましたね。新聞って「新」しく「聞」くじゃないですか。「いや、これは聞くものじゃなくて読むものなのに?」と。アニメの『一休さん』で、主人公の一休さんが「ぽく、ぽく、ぽく、ぽく、ちーん」という効果音を背景に頭を悩ませて、パッと名案を閃《ひらめ》くという場面がよく描かれていましたが、私もそんな感じで頭のなかに「?《ハテナ》」がたくさんの子どもでした。自閉スペクトラム症者にふさわしい体験世界だったと思います。

自閉スペクトラム症があると、たいていは聴覚情報処理障害(APD)と言われているものが付属するんですね。耳から入ってきた情報が、なかなか処理できないんですよ。音は聞こえているんだけど、意味がわからないということが多いです。ふだんのまわりとの会話でも、語彙は理解できるのに頭に残っていかないものだらけ。

だから定型発達者から見ると、発達障害者が異星人っぽく見えるわけなんですけれど。でもそれは、そっちから見るからであって、こっちから見たら、こっちが「ふつう」なわけです。発達障害のあるなしなんかにかかわりなく、人間は超自然的存在ではないから、「じぶん」を世界の中心軸にしてしか、世界を把握することはできません。その「私」から見たら、地球上の1割以下が地球人で、9割以上は異星人という感覚なわけです。そういう世界に住まざるを得ないのが発達障害者の現実なんですよね。まわりが異星人ばかりで困ってます。

「とらわれた火星人」という、小さくかぼそい異星人が、地球の成人男性ふたりに連行されている寂しい印象の写真がありますが、あの感じですね。捕獲されて、これからいったいどうされるのか、人体実験でもされるのか、という不安な気分でずっと生きてきました。「気がつけばひとりぼっち」とか、「気がつけば仲間はずれ」とか、「気がつけばいじめられている」ということは、私の人生でずっとあったことです。

頭木 その時点では、じぶんの性格とか個性のせいだと思っておられたんですか？

横道 発達障害という言葉は、私が小さい頃には世間に流布していませんでした。だから40歳で診断を受けて、1年後くらいから自助グループに参加するようになりました。そこに大学生とか、場合によっては高校生や中学生も参加していたんですが、その子たちが私よりも豊かな知識を持っていて、発達障害について深く理解していることに衝撃を受けて、「ああ、じぶんも10代とか20代とかで診断を受けられる時代に生きていたら、どれだけ違っていただろうか」って思ったんです。

自助グループに出会った最初の頃は、かなりクヨクヨしていました。だんだんと、歳を取ってから診断を受けたことも、悪いことばっかりではないだろうと思うようになったんですけど。

マンガのなかにいる「仲間」

頭木　小さい頃には、「じぶんはちょっと変わった人間じゃないか」と思ってらっしゃったんでしょうか？

横道　ある程度年齢が上の発達障害者たちは、一般的にそうだと思います。「変な人」「ちょっと不思議な人」としてあつかわれてきた。「不思議ちゃん」「不思議くん」「やたら距離感が近い人」「ＫＹ（空気が読めない）で困った人」「気が利かない人」「ドジ」「おっちょこちょい」「のろま」。

マンガのキャラクター、とくにギャグマンガのキャラクターには、発達障害者っぽい人が非常に多いんです。たとえばサザエさんのおっちょこちょいぶりは、まったく発達障害者的です。他方で、波平さんみたいに、怒りんぼうで頑固な人も発達障害者っぽいのです。波平さんからサザエさんやカツオに、ばっちり遺伝してる（笑）。

ＡＤＨＤが日本で最初に紹介されはじめた頃、１９９０年代には「のび太・ジャイアン症候群」という呼ばれ方がなされていました。のび太はＡＤＨＤっぽいんです。ぼんやりしていて、勉強に集中できなくて、スポーツができない。他方、ジャイアンは乱暴者で、まわりへの共感性が低くて、ひどい暴力をふるったりする。これもやはりＡＤＨＤっぽい。ＡＤＨＤもスペクトラム状の障害で、自閉スペクトラム症と同様に多様性があります。

そんなふうに、マンガのなかには発達障害者っぽい登場人物が多いので、私は自然に、子どもの頃からマンガというジャンルに、すっかり虜《とりこ》になっていました。現実世界には私みたいな人はなかなかいないのに、マンガのなかには「仲間」がたくさんいるわけです。だからマンガは私にとって特権的なジャンルですし、私と同じように感じて生きてきたからか、発達障害者にはマンガやアニメのマニアが多いです。

頭木 それはおもしろいですねえ。

大衆文学は難しい

横道 自閉スペクトラム症の人が好きだと言いがちなのは、SFとかファンタジーですね。幻想文学系。体験世界が一般的な現実感とだいぶ異なっていますから。「ふつう」の文学には馴染みにくいということがあるかなという気がします。

私自身は純文学が好きなんです。純文学って、一種の抽象性があるじゃないですか。現代アート的というか、一種の単純化がある。洗練と言ってもいいですけれどもね。それがある意味ではわかりやすさにつながる。それに対して、直木賞や本屋大賞の対象になる作品は、読むのが難しいです。

頭木　どう難しいんですか？

横道　定型発達者同士の情緒的な交流っていうものが、よくわからないんですよね。みんなでじゃれあって、ワーッと盛りあがったり、感情移入して胸を詰まらせあったり。なにがおもしろいんだろうって。『ウ・ヨンウ弁護士は天才肌』はテーマが自閉スペクトラム症ですからハマりましたが、テレビドラマもたいていは難しく感じます。

頭木　以前、横道さんと、精神科医の斎藤環さんと3人で鼎談《ていだん》させていただいたとき（「『当事者批評』のはじまり」『文學界《ぶんがくかい》』文藝春秋）に、ぼくもおもしろいと思ったし、読んだ人のなかでも反響が大きかったのが、横道さんが大衆文学は共感を求めてくるから非常に読みにくくて、純文学のほうがむしろ読みやすいとおっしゃったことです。ふつう、非常に読みやすい、読みやすさをねらっているものを大衆文学と言うわけですけれど、それがかえって読みにくいというのは、とても意外でした。大衆文学はやっぱり、共感を求めている部分、「みんなこれわかるでしょう」みたいな部分が、基礎になっているということですか？

横道　そうなんです。その一方で、マンガとかアニメは、大衆的なものなのに、人間界が非常にデフォルメされ、単純に表現されているので、わかりやすくてグッとくる。映画でも非常に芸術性が高いものか、マンガ原作の実写だったら安心なんだけど、ミステリー原作のものとかは難しいです。

頭木　大衆的なものよりもちょっと前衛的なもののほうが、むしろ親しみやすいと。

横道 はい。前衛アート的なものって、SFっぽくアニメっぽいものだというのが私の理解です。「このバキバキに省略された抽象性、かっこいいな」って思って楽しんでます。

頭木 みんながジーンとするような言葉を言って、良いお話でしょ、みたいなのには乗れないという感じですか?

横道 はい、おおむね「ポカーン」としながら観ています。

頭木 「大衆文学はつまらない」と言うとき、ふつうはレベルが低いという意味合いだったりしますが、そうじゃなくて、ほんとうに大衆文学は難しいんだということをおっしゃったのが、『文學界』の読者にも、すごく斬新に受けとめられたようでしたね。

発達障害の診断を受ける

頭木 横道さんはどうして40歳のときに発達障害の診断を受けようと思ったんですか?

横道 発達障害の診断を受けるタイミングって、人それぞれバラバラなんですね。重度の知的障害が現れている場合は、3歳児検診などで早期に発見されますが、軽度知的障害くらいや、それ以上の知能なら、見過ごされる子も多い。発達障害に関する認知があがってきた現在でも、なかなか発見されないことがあります。小学生の途中で発見される事例、中学時代にまわりのペースについていけなくなって発覚する事例、あるいは高校や大学まで進んで行きづまる事例と、いろいろです。主婦になってから、家事ができないことに悩んで、という人もいれば、会社に入って平社員のときには良かったけれども、上司になってからダメだとわかったという場合もあります。私の場合には常勤の大学教員として就職して、すぐにうまくやっていけないことに気づきました。

それまでは大学院に通ったりして、長年学生をやっていたから、学校という場所がじぶんには合っていないんだと思っていたんですよ。ところが就職したら、学生時代よりよっぽどつらかったんですね（笑）。これはちょっとたいへんだと思いながら働いていたんですけれど、10年ぐらい経ったときに、ついに休職することになって。一度休職したら、何回も繰りかえすと聞いたことがあったので、このタイミングで「じぶんの徹底的な洗いだし」をちゃんとやったほうがいいなと判断しました。それで発達障害の検査ができる精神科に行ったわけです。

頭木　そのときには、じぶんは発達障害かもと、もう思われていたわけですね？

横道　なんとなくですが、わかっていました。大学院生のときに、「アスペルガー症候群」が世間の流行語でした。「アスペ」「KY」などの悪口ができたりして。でも大学院には、空気が読めない人や、余計なことを言う人がまわりに何人もいたので、そう深刻な問題ではないと思っていたんです。

ところが就職して、担任として教え子の休学や退学の面談をするようになると、彼らのうちに「アスペルガー症候群だと診断された」という子が何人もいて。ほかにも「ADHD」という単語を初めて聞いて、わからないからグーグルで検索しました。そうこうするうちに、彼らの苦しみがじぶんの悩みとかぶっていることがわかってきたんです。

それで、じぶんも発達障害なのかな、ということがぼんやりとわかりました。それでもじぶんから進んで障害者になりたい人っていないですよね。さしあたって、生きるか死ぬかのレベルで困っているわけではないので、じぶんの問題として真剣に受けとめずにいましたが、休職をしたことによって、検査してもらおうと決断したんです。

診断名が増えて感動！

頭木　診断を受けてみた結果はどうだったんでしょうか？

横道　最初はＡＤＨＤと診断されたんです。それが私にはピンとこなかったんですね。むしろ、知的障害のない自閉症の「アスペルガー症候群」がじぶんの中心的問題じゃないかなと思っていたので、モヤモヤしていました。

その後、発達障害者支援センターという施設に通うようになって。そこに通うと、１回目のときから相談に乗ってくれた心理士（心理師）さんが、私に自閉スペクトラム症の話ばっかりするんです。診断書にはＡＤＨＤと書いてあるのにです。あとから聞くと、そもそも自閉スペクトラム症とＡＤＨＤは併発することが非常に多いそうです。それで、私ぐらい「こだわり」

を強く感じさせる人って、自閉スペクトラム症と診断された利用者たちのうちにも、そうそういないと思ったとのこと。「強烈なこだわり」は自閉スペクトラム症の典型的な特性なので、初めから見た瞬間に「これは！」と気づいたと言っていましたね。

で、その発達障害者支援センターであらためていろんな検査をしてもらって、その結果をまとめた資料を主治医に送ってくれたんです。そうしたら診断書の内容が「ASD／ADHD」に変わりました。ふたつ並列の表記に変わって、しかもASDが先に書かれているのを見たときに、私はすごく感動しました。「これが俺だ！」と思ったんですね。その感動って不思議なものでした。

頭木 感動ですか？ 障害がわかってガッカリしたのではなく、感動されたんですね？

横道 発達障害の当事者研究をして先駆的な本を書いた綾屋紗月《あややさつき》さんは、「アスペルガー症候群」と診断されたときに、同じように、感動というか、じぶんの人生が変わった感じがしたと記しています。私の場合には、最初の診断ではそれが感じられなくて、けれど診断が変わって、まさにこれだと思ったときに、その決定的な瞬間が起きた。それは、別の言い方をすれば、「じぶん探しの旅の終わり」でした。じぶん探しをしていたつもりはまったくなかったんですけれど、思えばじぶん探しをしてきたんだなと気づいた。そして、そのゴールについに到着したんだ、という独特の感慨を覚えました。

頭木 そうなんですね。じぶん探しって、なかなか見つかることはないですけれど。まさに見つかったという感じを持たれたんですね。

横道 それはポジティヴなショックでした。それから「ASDかつADHD」のじぶんをしっかり理解したいと思って、発達障害の本をたくさん読むようになったのですが、今度はネガティヴなショックを受けた（笑）。それらをめくっていくと、じぶんの困りごとが「これでもか」と載っているので、打ちのめされたんです。

というのも、じぶんはすごく独特な「唯一無二の変な人」だと言われてきて、じぶんでもそうなんだと自認していたんです。それはちょっとした誇りに似たところもありました。「特注品」というわけです。ところが発達障害の本を読んでいると、じぶんもまたありきたりの「量産品」だとわかった。「定型発達の人たちに比べると少数派なんだけれど、少数派の世界のなかでは量産品なのか！」と思ってしまった。そのことに、すごくびっくりしましたね。

頭木 それはちょっと、ガッカリでもあったわけですね。

横道 ガッカリでもあり、でもそれが真実なんだということで、遅れてじんわりと独特の昂揚感もあり。いずれにしてもじぶんの人生の謎を解くための、真理の核心にぶちあたったのです。これをどうやって受けとめて、じぶんの人生に反映していくことができるんだろうかと考えて、ワクワクする思いも湧いてきた。

発達障害の自助グループをやるようになると、一口に発達障害と言っても、集まってきた人たちが似たような人たちに見えても、そこにはまぎれもない多様性があることがわかりました。

ひるがえってみれば、定型発達の世界だって、それはまったく同じなわけです。それで、発達障害があろうとなかろうと、人間はみんなかけがえのない一点ものだというあたりまえの信念を固めるようになっていきました。そうして、頭木さんにも書評を書いてもらった『唯が行く！——当事者研究とオープンダイアローグ奮闘記』（金剛出版）が生まれたのです。

4

横道 ← 頭木

難病と生いたち

おとながわからない

横道 今回はまず、子どもの頃に頭木さんのおとなのイメージって、どういうものだったかを訊きたいと思います。

頭木 意外な質問ですね。子どもの頃のおとなのイメージですか。

よく「おとなはわかってくれない」と言うじゃないですか。おとながじぶんの気持ちをわかってくれなくて、子どもが不満を感じるっていう。あれの逆でしたね。おとなの気持ちがわからなくて、すごく怖かったです。子どもとおとなを別の生き物のように考えていたわけではないんです。地続きと思っていました。でも、子どもには理解できない面がいろいろあって。そこを非常に不気味に思っていましたね。ああいう不気味さがじぶんのなかにもできてくるのかな、こんなわからない人たちがメインの世の中で生きていかなきゃいけないのかな、怖いなっていうのがありましたね。

私のアンソロジーの『トラウマ文学館——ひどすぎるけど無視できない12の物語』(ちくま文庫)のなかに、『テレビの受信料とパンツ』っていう韓国の短編があるんですが——李清《イチョン》俊《ジュン》という小説家が書いたもので、斎藤真理子さんに初訳していただいたんですが——お父さんがどうしてもテレビの受信料を払いたくないと。お金はあって、タクシーで会社に行っているような人なのに、わずかな受信料をなんとしても払わないとがんばっている。で、ついにバレて払ったとき、お父さんの精神が崩壊していくんですよね。どんどんダメになっていって、最後はもうおしっこまで漏らすっていう話で。これ、子どもの視点から描かれているんですが、お父さんがまったく理解できないっていう話で、ものすごく共感しました。

横道 なるほど、言われてみると私もそういう考えがあったな。おとなの顔つきって読めないですからね。永井豪の短編マンガに『ススムちゃん大ショック』というのがあるんですが。

頭木 ああ、大好きです!

横道 あれって、たぶん永井豪自身が子どもだった頃の、私たちがいま話題にしているような、おとなに対する不気味なイメージが着想源かもしれませんね。お母さんがニコニコして調理をしていて、ふと振りかえって、じぶんの子どもに頭上から包丁を降りおろすっていう衝撃的な展開が描かれますけど。

頭木 子ども向けのSF小説で、お母さんと一緒にお風呂に入ったら、お母さんの背中に黒い丸があって、これは前からあったのか、それとも宇宙人と入れかわったのか、みたいなのがあったんですよ。おとなには、どこかにじぶんがぜんぜん気づかなかった部分や変化があるんじゃないかという恐怖はありました。

横道 頭木さんの本のなかで、マンガの話がよく出てくるけど、私の好きなものとけっこうかぶっていたんですね。たとえば手塚治虫とか、コンビ解消前の藤子不二雄であるとか、萩尾望《はぎおも》都《と》とか、大島弓子とか。私はレトロなマンガの愛好家で、同世代の作品以上にじぶんより20歳とか30歳とか年上の世代に人気のあった作品が好きだったんですよ。

頭木 私には11歳上の兄がいて。その兄の本を読んでいたので。あと6歳年上の姉もいて。だからじぶんより上の世代のものを読んでたんですよね。

横道 なるほど。私の場合だと、10歳くらいのときに手塚治虫が亡くなって。それからリバイバルブームがありました。文庫版とか愛蔵版とかが出てきて、私にとっては世代が違うから、むしろ真新しいわけですね。で、読んでいくと秘境を探検しているような気分になりました。描線が洗練されているし、物語もコンパクトで無闇に長くないので、夢中になっていったんです。

頭木さんにとっては、じぶんと同世代のマンガで好きだったものというのは、どんなものがありますか？

頭木　じつは同世代のをあまり読んでなくて。おとなになってから、新旧関係なく、おもしろそうなものを読むようになりました。大島弓子に出会ったのも、大学生のときだったと思います。なぜだったか、突然1冊だけ買ってみて、それがすごくよくて。そこから少女マンガにハマって、さらに山岸涼子、萩尾望都と読んでいって、あの世代の人たちのすごさにびっくりしちゃって。

横道　私も、こんな世界があったのかって、すごく興奮したので、よく覚えています。

頭木　ですよね。大島弓子は、もう私の人生にはほんとうになくてはならぬもので、何回読んだかしれないです。全集も持ってますし。全集に入ってない作品は古い雑誌を古書店で探して買ったりしてますね。

止まった年齢

横道　いざ成長してみて、異星人的なおとなに、じぶんがなってしまったという感じはありますか。

頭木　病気をしたせいで順調な成長過程じゃなくなっちゃったんで——20歳という、当時の成人の年齢でちょうど病気になりましたし——年齢の混乱があるんですよね。病気になった時点で止まっちゃっているところがあって。大学3年の就職活動の前に病気になったので、社会参加をまったくしてないいんです。取材とかで年齢を明記したいと言われると、いつもすごく抵抗があって。年齢は不詳にしておきたいなと思っちゃうんですよね。

横道 私も、最初年齢を知らなかったんですよね。オンラインで会ったときの印象から、私よりちょっと年上ぐらいの同世代かと思っていると、だいぶ違うってわかりまして、びっくりしました（笑）。

頭木 いやぁ、だから未熟なまま、実年齢だけ増えてしまったという。闘病していた13年は、年齢から差しひいてほしいっていう気持ちがあるんですよね。そんなわけにはいかないですけど。

横道 でも澄まし顔でいたら、私が想像したとおりの年齢に見られると思いますよ、ほんとに。

頭木 社会で揉《も》まれてないから、乗らずに部屋に飾っておいた自転車みたいなもので、見た目だけは新しそうっていう。じつはガタがきているわけですけど。

カフカとの邂逅、そして再会

横道 頭木さんにとって、カフカも人生になくてはならないものだと思いますが、そもそもの出会いは、カフカの『変身』の本が薄かったから読書感想文に選んだという。

頭木　そうです。中学生のとき、夏休みの読書感想文を書かなきゃいけないというのが嫌で嫌で。しょうがないから大きい本屋さんに行って、文庫のところをぐるっと見まわして、いちばん薄い本が『変身』とカミュの『異邦人』だったんですよ。2冊比べたら『変身』のほうが、より薄かったんです。

買って帰って、着がえもせず制服の状態でちょっと読みはじめたら、やめられなくなっちゃって。そのまま読みおえて、夕方の光が窓から差しこんでいたのを覚えていますね。だから最初からけっこう感銘は受けたんだと思います。でも、そこからカフカを読もうとか、本を読もうとか、そこまではいかなかったですね。

横道　夕方の光の話、視覚効果がいいですね。『変身』の最後って、家族みんなで主人公の殺害に加担して、そのあと出かけたら電車のなかで日差しが暖かった、みたいに書かれていますけれど、それを思いだしてしまいました。

そのあと数年後に病気になって、入院をされていたので、読書をするようになって、カフカに行きついたということですか。

頭木　入院してすぐに、田舎の友だちが、段ボール箱1箱、マンガを送ってきたんです。いま、マンガなんか読む気分じゃないよと思ったんですが、病気で弱っているから重くて捨てることもできないし、そばに置いておいて。せっかくだから、まあちょっと読んでみようかと思ったんですけど、ぜんぜん頭に入ってこないんですよ。やっぱり悩んでるから。ギャグマンガもおもしろくもなんともないわけです。点滴とかにもつながれてるし、栄養が出ちゃって貧血にもなってる状態でグテッとしてるんで、もう悩むこと以外できないんですね。マンガを開いて見ていても、まったく無感動なままでした。

ところが、漏らす話のマンガがあったんです。吉田聡っていう『湘南爆走族』を描いた漫画家さんの『湘南グラフィティ』（少年画報社）に入っている『ツッタカターはかく語りき』というマンガ。これ、すごく良かったんですよ。電車のなかで漏らしてしまったことで、性格が変わっちゃうみたいな話なんですけど、すごく共感して。そこからマンガが読めるようになったんです。

で、段ボール箱1箱も読むと、けっこう救われたんですよね。それで、ほかにもなんか読もうと思って、昔読んだ『変身』を思いだしたんです。ある日、突然ベッドから動けなくなって、親に面倒を見てもらうしかなくなるって、いまのじぶんにそっくりだなと思って。いまあれ読むとすごく、漏らしたマンガを読んだときみたいにハマるんじゃないかなと。試しに、親に頼んで買ってきてもらって読んだら、もうドキュメンタリーだったんですよね、じぶんにとっては。いろんな気持ちの細部まで書きこんであるんですよ。カフカが同じ病気の経験者としか思えないというぐらいにね、克明にすべてが書いてあると思って、大感激だったんですよ。

横道　そうか、『変身』はカフカがフィクショナルに、潰瘍性大腸炎を当事者研究した本だったのか。

頭木　ええ。そこからは、もうこの人の本を全部読もうと思って。

横道　やっぱり中学生のときに読んでいたというのが、大きな伏線として。

頭木　もし中学のときに読んでなかったら、入院して『変身』を思いだすということもないわけですし、そのことが大きかったですね。学生時代に無理やり本を読まされるのは大事だなと。あんなに嫌だ嫌だと思っていた読書感想文ですけど、あれのおかげだなといまは思っています。

カフカにすがりつく闘病生活

横道　カフカの翻訳をなさっているということは、大学でドイツ語を選択したということですよね？

頭木　いいえ、フランス語でした。入院中に日本語訳でカフカを読みだしたんです。カフカの手紙や日記にハマって、何回も何回も読んで。そうすると、たぶんここの翻訳は違うっていうのがわかってくるんですよね、不思議なことに。原文と照らしあわせていないのに。カフカがなにを言うかがだいたいわかってくるからでしょうね。そうすると原文が気になるじゃないですか。しかたないので、原書も買ってですね。辞書を引き引き見ていると、やっぱり違ったりするんで、どんどん原文で読みたくなっていって。だからドイツ語は、カフカがきっかけで、独学で始めたんです。

横道 へえ。独学だったとは。あとカフカでそういう勘が働くって、すごいですよね。

頭木 私の場合、病院のベッドでカフカにすがりついていましたから。1回2回読んだっていうんじゃなくて、カフカの日記や手紙はもう何十回、もしかすると100回ぐらい読んだかもしれない。勉強しようとか、教養を身につけようとかじゃなくて、じぶんのためにほんとうに純粋に、じぶんの気持ちの救いを求めて読んでたんで。そうすると、ちょっと流れに逆らうようなポイントって、ひっかかるんですよね。文学の理解度というような高度な話じゃなくて、個人的にひっかかるっていうだけなんですけど。

ベッドの上で働く

横道 1999年に『「逮捕＋終り」――『訴訟』より』（創樹社《そうじゅしゃ》）というカフカの翻訳と評論を出されていますね。そこまでに至る過程を知りたいです。

頭木 手術をしたのがきっかけです。手術が無事終わって退院できて。それで、あれだけカフカを読んでいましたから、カフカについて書きたいなと思って。

そのとき私は、病院にいるうちから、参考書の仕事をしていたんですよ。

横道 参考書の仕事？

頭木 ええ。親がもう歳でしたし、私が一生遊んで暮らせるような裕福な家でもないんで。そうすると、病院のベッドでできることって言ったら、書くことくらいしかないじゃないですか。でもまだ学生だから、受験くらいしか経験ないわけですよ。なので、受験の参考書を書くしかないと思って。そういうのを書いて、いろんな出版社に送ってたんです。ワープロを親に頼んで買ってもらって。

ワープロってL字型ですから、横倒しにして、クッションを置いて支えると、ベッドで横向きに寝たまま文字を打てるんですよ。打ちにくいですけどね。私は当時、お尻から大腸に、水に溶かした薬を入れて、横になってなきゃいけなかったんですよ。起きあがっちゃいけなかったんで、体の左側を下にして横になったまま原稿を書いてました。

出版社に送った原稿は、表紙に赤で大きくバツとかついて戻されてくるんです。「ダメ印」のついた原稿が続々戻ってきて。でも、ちょっとずつ下請けみたいな仕事をもらえるようになりました。あるとき、年収60万円に到達して、ものすごい達成感でした。60万で達成感ってあれですけど、ベッドの上で働いて60万までいくって、けっこう大変で。「やった」と思って、ほんとうに感動したのを覚えています。

そこから、ほんとうに偶然に、創樹社という出版社の社長の玉井五一《ごいち》さんと知りあって。この方は名編集者として島尾敏雄とか深沢七郎とかの本を出したりして、尾崎翠《みどり》全集を出して再評価のきっかけも作った人で、若い頃、安部公房とも同じ芸術活動をしていたんですね。

その玉井さんと、カフカの話をよくしていたんです。カフカって、いきなり書きだすから、すべて作品は最初から最後に向かって書いてあると、その当時は言われてたんです。でも私が「カフカの『審判』だけは、最初と最後をまず書いて、それから途中を書いたと思う」って言ってたんです。なんの根拠もなかったんですけど、読んだ印象として、そうとしか思えなかったんですね。そうしたら、カフカの『審判』の生原稿がサザビーズの競売に出てですね、ドイツの図書館が歴史上最高額で落札して、公開したんです。『審判』の生原稿はそれまで表に出ていなかったんですよ。

それを研究者が調べたところ、紙やインクの年代測定とかで、『審判』だけは、まず最初と最後を書いて、それからその間を書いたっていうことがわかったんですよ。「頭木くんの言ってたとおりだったじゃない」と玉井さんがびっくりして。「じゃあ、それちょっと書いてみる？」みたいな話になってですね。それで『「逮捕＋終り」――『訴訟』より』という、カフカの『審判』の最初と最後だけを訳して、評論をつけるという、不思議な構成の本になったんです。

初の著作は幻の本に

頭木　日本ではこれが、生原稿からの初めての翻訳ということになったんです。それでわりと評判もよくて。そこまではトントンといったんですけど、そこで創樹社が倒産しちゃったんですよ。私の本も差しおさえられて、幻の本になってしまったわけです。
それでも、本を1冊出したんだから、それを持って、いろんな出版社を回ればよかったんですけど、なにしろ世慣れていないんで。どこかから依頼が来るんじゃないかと思って、ひたすら電話の前で待ってたんですね。でも、ぜんぜん鳴らないんです。そこからまた13年ぐらい、闘病と同じ期間ぐらいなんにも依頼がないままでした。

横道　じゃあそのあいだは、参考書関係のお仕事をやっておられたわけですか？

頭木　そうです。それでなんとか食いつないで。闘病中は「病気をしているから、うまくいかないんだ」と思っていたのが、手術して、ある程度、ふつうの生活が送れるようになっても、結局、社会参加はぜんぜんできなくて。

横道　手術をしたのは、おいくつのときですか？

頭木　30代前半なんです。そのあとのリハビリがけっこう何年もかかって、30代後半ぐらいになっちゃうと、もう新人としてあつかってもらえないんですよね。韓国ドラマに『30だけど17です』というのがあって、主人公は17歳のときから昏睡状態になって、30歳で眼ざめて、そこから社会に出て働こうとするんですけど、どこも雇ってくれない。これなんかもう、あまりにも共感して、滂沱《ぼうだ》の涙で見ました。
不思議なもので、トイレに入ったり、お風呂に入ったりすると、妙に悲しくなって、「ああ、人生これだけなのか、もうこのまま人生、終わるんだろうな」と思って、涙がツーッと出たりして。「病気して、手術して、社会にも出られず、終わるのか」と。樋口一葉の『にごりえ』のなかの言葉、「これが一生か、一生がこれか、ああ嫌だ嫌だ」という言葉も、ほんとうに沁みました。暗い言葉ですけど、これを暗唱することで、ずいぶん救われました。よくぞ書いてくれたと思います。

12年越しの電話

横道 最初の著作から第二の著作『絶望名人カフカの人生論』(飛鳥新社、のちに新潮社で文庫化)までは、12年あいていますね。

頭木 ついに12年目に、電話がかかってきたんですよ。待ちつづけた電話です。品川亮さんという編集者の方が、「カフカの本を書いてほしい」と。でも飛鳥新社に入られて、初めて本を出すということで、「ああ、初めて本を出す人だから、よくわからずに私に頼んでるんだな」と思いました。それで、すごくいい人そうだったので忠告したんです。「新しく入った会社で初めて出す本で失敗したら、あとが大変だから、私に頼むのはやめたほうがいい」と。でも大胆な人で、「いやいや、図書館で『「逮捕+終り」――『訴訟』より』を読んで、すごくいいと思ったから。別の人に頼むつもりはないです」と言われて。それはうれしいですよね。この人をひどい目に遭わせてはいけないと思いました。なんとしても、ある程度は売れる本にしなきゃいけないと。

本が出るときに、東日本大震災が起きて、「絶望」という言葉は言ってはいけない風潮になったんですね。希望とか絆とか、そういうことを言わなきゃいけないみたいな。そういうときに『絶望名人』を出すのはどうなんだろうという話にもなったんですけど、なぜか飛鳥新社の社長さんがすごく原稿を気に入ってくださって、そのまま出せました。

横道　ものすごい評判になったということですよね。ドイツ文学研究を本業とする者として、頭木さんの本の評判は聞いていました。

頭木　非常に反響が大きくて、売れゆきも良かったですね。ただ一方で、いろんな取材とかラジオ出演とかが決まっても、直前に、パーソナリティのだれそれさんが「絶望」がついたタイトルの本には触れたくもないとおっしゃるので出演がナシになりましたと言われたり、書店でフェアが決まってたのに、上のほうから「絶望」に関する本のフェアをやるのはよろしくないという声が出て中止になったりしたこともありました。

でも、被災地の方から、すごく感動したというお手紙などをいただいて、それはうれしかったですね。

横道　その数年後、私自身が発達障害の診断を受けて、『みんな水の中』という本を書きました。で、つぎにどういう系統の本を書きたいかといったら、ざっくり言えば「絶望」に関する本だったんです。ところが、その分野はすでに頭木さんに先取権を奪われていた（笑）。

頭木　そうなんですか。

横道　なにせ私は、頭木さんの本で最初いちばん読みたくなかったのは、『希望名人ゲーテと絶望名人カフカの対話』（飛鳥新社、のちに『絶望名人カフカ×希望名人ゲーテ——文豪の名言対決』として草思社で文庫化）でした。「希望の話なんか、読みたくないな。絶望だけがいいな」と思ったくらいです。

頭木　ははは。そこまでですか。

死にたくなるような美しい曲

横道　私は音楽も短調の曲を圧倒的に多く聴きます。モーツァルトだと、交響曲のうち短調の曲は2曲だけじゃないですか。やはりその2曲がお気に入りです。

頭木　短調が好きっていうのは、悲しい感じのものが好きっていうことですか？

横道　はい。じぶんの心に寄りそってくれます。そんなハッピーに生きてない人生なので。日本の昔のJポップ、当時の呼び方での「歌謡曲」も好きですね。昭和のあの頃って、世界観が湿っぽいじゃないですか。ああいう暗い感じが大好き。明るい曲はじぶんが否定される気分になるので、なるべく聴きたくない。

どれだけ聴いても飽きない曲には、何度も転調するタイプが多いです。じぶんの不安定感を体現してくれている気分になる。なのに、というべきか、だからこそと言うべきかですが、いちばん腹が立つタイプの曲は、暗く始まって、転調で明るくなるようなもの。これは許せない。「暗い気持ちに共感していたのに、無理やり明るい気分へとねじまげようとしないでくれよ」と思います。義憤を覚えます。

頭木　転調でも、暗さから明るさに変わるのはダメなんですね。

横道　ごく稀《まれ》に、ほんとうに稀なんですが、明るく始まるんだけど、サビから暗くなるのもあるんですよ。それ大好き！「人生の真理だ」と思って。

頭木　こういうジャンルの音楽が好きとかではなくて、短調とか、転調とかが大事なんですね。

横道　じぶんにいちばんぴったり合っているジャンルは、サイケデリックロックとかアシッドフォークだと思います。たいていは暗い曲調で、バンドのメンバーはしばしばドラッグをやっていて、精神の謎めいた隘路《あいろ》に迷いこんでいる。憂鬱な、死にたくなるような美しい曲たち。生きる勇気が湧いてきます。

でも、サイケデリックロックから始まって、バンドが大人気になった結果、壮大にシンフォニックな曲を作るようになっていくと、それはもう反発の対象ですね。

頭木　あっ、それはダメなんですか。

横道　はい。「無理やり大きな話にしやがって」と思って。じぶんの内面にズブズブと沈降していく曲を愛しく思い、そういう曲が詰まったレコードやCDを抱きしめたくなります。

絶望はしないほうがいい

頭木　私は、絶望しないほうがいいと思っています。人生になんの波風もなく、落語の若旦那のようにぽーっと生きる人生が最高だと思いますね。絶望的な体験で成長するのは、たしかになくはないんですが、絶望体験でゆがんでしまうことのほうが多いですし。苦労したほうがいいなんていうことはまったく思わないですね。

でも私は、はみだしている人が好きです。社会からはみだして、うまく生きられない人。なかなかふつうに受けいれてもらえない人が、ものすごく好きですね。

横道　それに関して私と頭木さんで決定的に違うのは、頭木さんは20歳前後にガクッと人生が変わったところだと思います。私の場合は、生まれた頃からだんだんと鬱状態になっていった人生なんですよね。もし私が20歳ぐらいで、いきなりそんなに人生が変わったら、やっぱりなかなか受けいれにくくて、深く苦しんだんじゃないかと思います。絶望に対する考え方が私たちふたりで違うのは、そこに関係があるような気がします。

頭木　まわりには子どもの頃から病気という人もけっこういます。私なんかつい、「昔はなんでも食べられて、飛びまわれて、あの頃を思いだすとつらい」と言って、そういう人に「いや、じぶんはそういう時期がなかったんで」と言われると、返す言葉がないです。お互いに想像ができないところがあります。

横道　私は、やっぱり健康な人との会話が難しいと感じます。基本的に「絶望」マインドだからでしょうね。

発達障害のない人向けの自助グループもやってるんですけど、ありがたいことにというか、参加者はみんな鬱傾向なんですよね。鬱っぽくなって、精神疾患の診断を受けたり、困っているのにお医者さんに助けてもらえなかったり。心理士（心理師）やカウンセラーとの関係もうまくいかなかったりで、困りに困って自助グループに流れてくる。みんな心を病んでいる。私は、そういう人たちが大好きです。

頭木　それはわかります。

横道　むしろ鬱傾向がなかったら、話が通じない。なかなか話したくもならないです。だから頭木さんと話してると楽しいなと感じます。

頭木　ありがとうございます（笑）。

インターバル2

定型発達者ぶりっこ

頭木　コミュニケーションという点で、いま、横道さんとお話をしていて、とくになにかやりづらさみたいなものを感じていないんですが、それでも対人関係で横道さんはなにかトラブルを抱えたりされるんでしょうか？

横道　その問題があるから、たとえば精神科医であっても、私をすぐには自閉スペクトラム症と診断できない事例が起こってしまいます。心理士（心理師）でも、「あなたはほんとうに発達障害者？」と混乱する場合がありますす。私のインタビューがニュースとかに載っても、「この人は発達障害者じゃない、こんなにふつうにコミュニケーションできるんだから」なんてコメントされたりする。

これは最近、自閉スペクトラム症研究で注目が高まっている概念で、英語でカモフラージュ（偽装）と言われているものです。日本の発達界隈では一般に「擬態」と呼ばれています。

自閉スペクトラム症者って、ある論文によると7割が「カモフラージュ」をしているそうです。「ふつうの人のフリ」をしているわけですね。私は「定型発達者ぶりっこ」と表現しています。「この人はちゃんと他者の心が読める、心が読めない自閉スペクトラム症者ではない」とか言われるんだけど、それは定型発達者同士で起こる心の読みあいとは別物だと思います。

定型発達者っていうのは、「なんとなく察する」んですよ。自動的に心を読める。相手も基本的にはじぶんと同じく人間だと考える、その前提があるからかもしれませんが、具体的にはいたわりを示したり、ねぎらったり、気づかいができるわけですね。「大丈夫？今日ちょっとつらそうだね？ ゆっくりしたら？」とか言えたりする。相手とじぶんとをさっとリンクできて、そういうふうな気づかいができてしまうんです。

自閉スペクトラム症者は、一般にそれができないです。眼の前の相手は、たいていの場合、じぶんとは異なる種類の人間なわけです。相手の感じていること、考えていることを推測する上で、じぶんの内観を参考にできず、混乱してしまう現象があると思います。相手を必死に気づかったりする発達障害者もいるけど、それは人間的な行動というより、AI機能に似ていると私は感じます。相手の声のかすれ方とか、表情筋の動き方を観察し、分析し、総合しながら、理解する上でじぶんの事例を転用できない者として解読しないといけない。私は人の心に関する情報を創作物から大量に学習して、心では理解できないままに、自動的にそれらしい回答を生成して、吐きだしている部分が多いです。私はおおむねAIロボットです。

頭木　こういうシチュエーションではこういうのがいい、みたいなことを蓄積していくわけですね？

横道　そう。だって地球上のみなさんの多くは、私とは異なる星からやってきた人だから。特別な戦略がないと、とてもではないけれどやっていけないんです。

この生き地獄は
いつまで続くんだろう(横道)

ラウンド
3
どうして つらい のか?

こんな人間には
なりたくなかった(頭木)

5

頭木 ← 横道

発達性トラウマ障害

家族の人生

頭木　横道さんは宗教2世という立場からもいろいろ発信しておられます。今回はそのことについて伺わせてください。

小さい頃から、周囲とうまくいかなくて、周囲の人たちを異星人のように感じていたというお話がありましたが、ご家族のことも異星人のようにお感じになっていたのでしょうか？

横道　発達障害は遺伝性が高いんです。母にははっきりと発達障害の傾向があります。母と私はよく似ています。顔つきも母似でしたし、内面も近しいものを感じます。父は私とそんなに似ていないと思っていましたが、歳を取ると顔つきなんかは似てきた（笑）。妹や弟が私と似ているかどうかは、わかりません。家族でいると、私と母だけがほかの3人から浮いている場面は多かったと思います。

頭木 妹さんや弟さんとは、うまくコミュニケーションを取れていらしたんですか？

横道 妹は2歳下です。私が、いじめられがちなもやしっ子だったのに対して、妹はとても元気な子なんですよね。気立ての良い人ですが、私とはかなり違うタイプなので、親しい関係にはなりませんでした。

弟は6歳下です。すごくかわいくて、聡明で愛される子どもでした。妹がいつだったか、弟をアイドル事務所に入れようとして、勝手に応募したことがありました。イケメンなだけでなく、幼児の頃からおとなみたいに流暢《りゅうちょう》にしゃべるということで評判の子でした。弟とは長いあいだ仲が良かったですね。最近は交流がありませんが。

頭木 ご両親とはいかがだったのでしょうか？

横道 父は、どこかに愛人を作って、そこに入りびたっていたようです。私が小学2年生のときに、大阪市内で、ある区から別の区に引っ越しました。それまで両親は家電量販店を営んでいたんですけれど、店の経営がうまくいかなくなって、電気工事業に鞍替えしました。

その頃から父は家に帰ってこなくなって、母は宗教にハマっていきました。

頭木 もともと夫婦仲があまり良くなかったのですか？

横道 母は高校生のときに突然父親を事故で亡くしたんです。授業中に学校へ電話が入って、お父さんが亡くなったという連絡だった。ドライブに行っていて、運転していた人は別の人だったんですけど、その運転ミスによる事故で亡くなったんです。それが母にとっては大きなトラウマでした。いいところのお嬢さんだったんだけど、長男が遺産を食いつぶしたので、故郷の奄美大島《あまみおおしま》から大阪に働きに出て、家族のために仕送りをしました。だから高校中退です。

母はじぶんの父親のことを、つまり私の祖父を、急に死に別れてしまったから、かなり美化してましたね。私に暴力をふるっているときも、しょっちゅうじぶんの父親のことをしゃべっていました。父なる神を思い、実父を思い、彼らの代行者として私を虐待する。いま思いだしても悪夢のようです。私が向きあった母の背後にはエホバと祖父が立っていた。父と息子の関係のような、母と娘の関係のようなねじれ方がありました。

そういうふうに父親を美化しているから、じぶんの夫にもいろんな不満があったと思うんですよ。母は面食いですから、私の父のイケメンなところは好みだったでしょうが、性格面では頼りないというか、じぶんの理想とする父親とは異なるタイプの人だったので、私にはじぶんの父親のようになってほしいという気持ちを、かなり押しつけていました。

父は長崎県の五島《ごとう》列島出身です。母は鹿児島県の奄美大島出身ですから、同じく九州、しかも島嶼部《とうしょぶ》の出身同士ということで、仲良くなったんじゃないかなと思いますね。中学を出たあとに専門学校に行って、電気工事の原理を学んで、学歴は高くないです。読書なんかまったくしない人で、読むのは仕事関係のマニュアルか、中高年向けのマンガ。家ではテレビを見ながら酒を飲みつづけていました。

そういう状況があったので、母には子どもたちに教育をちゃんと受けさせたいという思いがあったわけです。おそらく母には大学に行ける可能性もあったんだけど、さっき言った事情で行けなかったので。そして弟たちのために仕送りをして大学に行かせてあげたという実績もあるので。私に対する期待というのは、すごく大きいものがありました。

母親の入信

頭木 お母さんが入信されたのは、横道さんが何歳ぐらいのときですか？

横道 たしか小学3年生のときで、私もエホバの証人の勉強を始めました。

頭木 お母さんが入信されたときは、どういうふうにお感じになられましたか？

横道 ある時期から急に家で聖書の勉強をしたり、そのうちに集会にも行かなければならなくなって。物心ついたあとに環境が激変したので、かなりつらかったです。

もともと発達障害者として「異星生活」をしながら生きてきたのに、さらに掛け算で「カルト生活」を体験することになってしまった。なじめない異文化体験が二重になったわけで、それで世の中との断絶感が深まったと感じます。

頭木 お母さんは横道さんの将来について、どんなふうにお考えになっていましたか？

横道　エホバの証人は、基本的に大学教育を推奨していなくて、母はそれになじめないでいました。

頭木　推奨していない？

横道　はい。高卒ぐらいで布教活動に全力を捧げるのが、教団的な意味でのエリートですから。正社員になると奉仕の時間が減るので、良くないっていう考えなんですよ。

頭木　そうすると、お母さんの希望と、そこは不一致だったんですね？

横道　そうなんです。高額献金の制度はなくて、時間を大量に捧げる宗教ですね。宗教というと、どこでも時間を捧げると言われるかもしれませんけれども、ちょっと桁が違う莫大な時間を捧げるんです。一般社会でのキャリア形成なんかどうでもいいから、可能な限り伝道に時間を割きなさい、人生を割きなさいという宗教なんです。それによって共同体のなかでの位置づけも決まってくる。

頭木　でも、お母さんは、子どもを大学には行かせたいと。

横道　そう。新しく知った「エホバの証人的な価値観」と、先行して抱いていた「PTA的な価値観」が母の心のなかで葛藤していて、PTAのほうがまだ上回っていた。私が中学生のときにはPTAの会長まで務めていました。

そういう「この世」的なことに、唯一絶対の神エホバは栄光を見いだしませんよ、と教える宗教。「いつでもエホバが喜ばれるように行動しましょう」と。そういう宗教を信じながらも、私が大学に行くことには協力してくれましたから、そこはやっぱり感謝しているんです。

頭木 そういう点では横道さんの願いとお母さんの願いは一致していたわけですね。

横道 はい。エホバの証人って、最初「研究生」というものになって、「司会者」と呼ばれる先輩のもとで聖書を研究して、数年後に洗礼《バプテスマ》を受けて、正式なエホバの証人になるんですけど、2~3年くらいでそうなる人が多いんじゃないかな。でも母は熱心に集会に行って、出版物を読んで、家では子どもたちに熱心に体罰を加えて、という生活だったのに、10年ぐらい研究生のままだったんですよね。

それはエホバの証人の価値観に染まりきれないという苦悩が大きかったんだと思います。全面的には従えないっていうね。親が同じ宗教を信じていても、家庭ごとに宗教2世の状況はかなり違っていることがあります。

発達障害と宗教2世の関係

頭木 同じ宗教に入っている家庭でも、やはりそれぞれに違いはあるんですね。

横道 はい。エホバの証人2世同士で体罰について話していても、「お尻ペンペンぐらいはされたこともありますけれどね」と、ケロッとしている人もいるんですよ。私の家みたいに、ほぼ毎日そういうことをされる危険性があった場合と、数カ月に1回ぐらいの家の場合とでは、まったく事情が異なると思います。心の壊れ方も、まるで違ってくる。

頭木　毎日、体罰の可能性があったということですか？

横道　そう。ガスホースとか革ベルトとかで、子どものお尻を何度も激しく打つっていうやつですね。残念ながら母は体罰に関しては、狂信的な人でした。

昭和の平均的な価値観を生きていたところもあったのかもしれませんが、母はADHDの特性が災いして、非常に気性が激しい。私は子どもの頃からよく叩かれて泣いていました。小学1年生のときに担任の先生が私の顔を叩いて、私は鼻の粘膜が弱いので、大々的に鼻血が噴きだしたことがあったんですね。80年代当時は、学校での体罰がやや生きのこっていた時代です。で、泣きながら家に帰ってくると、母は、指導熱心な先生で尊敬に値すると称えて、何年経っても絶賛していました。

頭木　そういう反応ですか。

横道　はい。そんな人が、エホバの証人のような「体罰推奨」の宗教に入ったら、どんなひどいことになるか。生き地獄の世界です。入信のきっかけに、子どもへの体罰に熱心だったことも関係しているはずです。

頭木　以前のお話（第1章）で、発達障害は生まれつきのものだけれども、児童虐待などによって後天的に起こる「発達性トラウマ障害」もあるかもしれないということでしたが、ご自身に関してはどう思われていますか？　そういうひどい体罰を小さい頃に受けておられたわけですが。

横道　はい、診断を受けてはいませんが、私には後天的に発生した発達性トラウマ障害、あるいは複雑性ＰＴＳＤ（ＰＴＳＤ：心的外傷後ストレス症）の症状もあると思っています。体罰を受けているうちに「解離」をするようになりました。つまり、幽体離脱の体験をするとか、突如として記憶喪失になるとか、あるいは人格が分裂するとか、そういう心が体から脱落し、現実と空想が混交する現象を精神医学では「解離」と総称します。そういうようなことを私は体験するようになって、それは基本的に現在でも私にずっとつきまとっています。

この問題に焦点を当てて話していると、私のことを発達障害者ではなくて、ＰＴＳＤの人だと考える人もいます。でも一般的には理解されにくい強烈なこだわりであるとか、他者とコミュニケーションを取るときの異質さの感覚、不注意や多動などは入信前からずっとあったものなので、やはり基礎にあるのは発達障害の問題だと思います。

発達障害者には定型発達者に比べると、さまざまな脆弱性がつきまとう。各種の精神疾患が後天的に併発しやすいということはよく指摘されていて。私にもそれが起こったんだろうなと思います。

頭木　生まれつきのものと後天的なものと両方あるのでは、というふうに認識されているわけですね？

横道　はい。

転機としての脱会

頭木 お母さんが宗教に入られて、横道さんも自動的にその宗教に入ったような状態になられたわけですが、でも後に、横道さんは脱会されたんですよね。それはいつぐらいの時期に、どういうかたちでされたんでしょうか?

横道 中学にあがるときに、母から「信仰については、これから誠の思うようにしていい」って言われたんです。

頭木 あっ、そうなんですか。

横道 はい。男の子だったので、女親には肉体的にも精神的にも制圧しづらくなってきていたというのが大きいと思うんです。それで集会とか家庭での聖書の勉強から解放されましたし、体罰の「ムチ」もされなくなりましたね。

私は、ドストエフスキーの気持ちが、すごくわかるんです。銃殺刑の寸前に恩赦《おんしゃ》が出て解放されたということが、彼の作家としての原体験にあります。そのときの衝撃的なほどの解放感、すごくわかります。「まさかこんな奇跡が起こるとは」って。

小学生のとき、「この生き地獄はいつまで続くんだろう」って絶望しながら毎日生活していました。子どもの頃って、時間が経つのがのろのろしていますからね。おとなになったら数年は一瞬ですが、子どもの頃は出口がわからず、頭がおかしくなりそうでした。

雑誌『ビッグイシュー』の「私の転機」に関するリレーインタビューで、頭木さんからバトンをいただきましたが、私の第一の転機として、12歳のときにカルト宗教から解放された体験を語りました。第二の転機が発達障害の診断を受けた40歳のとき。私の人生にとって、ふたつの大きな転換点でした。

頭木 では、中学生になったときに脱会されたわけですね。

横道 そうですね。とはいえ19歳まで実家に住んでいたので、結局、思春期のあいだはずっとエホバの証人のルールに沿って暮らさざるを得なかったんですけれどもね。だから私物でエロティックなものを持っていたら、それはエホバの証人の教えでは大きな罪なので、そういうことをしていないかと、しょっちゅう机や本棚を母にあさられていました。

頭木 ああ、そういうことは続いていたんですね。

横道 見つかると、サタンがどうこうとか喚《わめ》かれながら、自己批判を促されました。

実家を出る決意

頭木 19歳で家を出られたきっかけは、なにかあったんですか？

横道 大学は地元の大阪では困ると思っていました。大阪の大学に進学すると、家から問題なく通えるので、実家を出られなくなる。大学に入ったあと、しばらく親と同居し、アルバイトをして資金を貯めてから、家を出ようと考えました。そうすると、大学は大阪から離れすぎていてもいけない、遠いけれどいちおうは通える範囲がいいわけで、それで京都の大学を選びました。

小学生の頃にさかのぼりますが、私は母の日があるということを知って、興奮しました。生き地獄を作りだした母ですが、子どもですから、やっぱり好きでいたいわけです。お小遣いを貯めていたので、妹と一緒にモール街の花屋に行って、母に贈るためのカーネーションを手に入れました。それでプレゼントしたら、母は奇声をあげて逃げまわったんです。そのあと、きつく叱られました。

頭木　それはなぜなんでしょうか？

横道　エホバの証人にとっては、世間的なお祝いというのはぜんぶ禁止事項なんです。「サタンの業《わざ》」なわけですね。それが長らく心の傷になりました。

大学に入ってから、京都の祇園祭《ぎおんまつり》に行くと、ちまきが売られていました。ちまきって地方によって、ずいぶん違うようです。炊き込みご飯のところもありますね。関西の場合には和菓子なんです。もともと5月の節句に食べる餅《もち》菓子で、餡《あん》が入っていなくて、餅生地の優しい味と、笹の葉でくるんでいて香りもいい。それで、そのちまきを買って帰ったんです。京都のお土産として、じぶんが好きなものを家族にも買って帰ってあげようと思って。

でも、そのちまきというのは、神事のお供え物のちまきなんですよ。食べ物じゃなかったんですね。家に帰って、袋から出して家族に見せると、母親が10年ぐらい前のカーネーションのときと同じような、発狂したかのような言動を取りました。そのときに私は、もうこの人とは同じ空気を吸いたくないと思いました。私のなかで私の母が決定的に死んだ瞬間ですね。実際にはいまでも生きているんですけど、私のなかでは死んでいます。

頭木　それは、別の宗教に関連したものを持ってきたから怒られたということですか？

横道　はい。母は私に体罰をするとき、いろいろ説教するわけなんですけれど、神道では白蛇が神の使いだと教えていると強調していました。じぶんたちエホバの証人の世界では、蛇っていうのはエヴァを誘惑して、サタンの罠にはめて堕落させたものなので、その世界観からしても、神道がいかにサタンの側にあるものかということがわかると、熱心に語っていましたね。

人間嫌いの人間好き

頭木　お母さんのことや生いたちのことがあったりして、人間を嫌いにはなりませんでしたか？

横道　うん。だから私は「人間嫌いの人間好き」なんですね。人間というものに、非常に興味があります。発達障害を中途半端にしか理解していない専門家は、自閉スペクトラム症者というのは、人間関係なんかに興味がなくて、ほかの人にはどうでもいいガラクタなんかに興味がある人たちだと言うんですよね。それは完全にまちがった説明だとは思いません。私自身、ガラクタのたぐいの大収集家ですし、道を歩いていても、人の顔を見たりするよりも、空を見あげて好きな青い色をじっと見つめながら歩くので、すぐにどこかにぶつかったりします。人間の顔よりも、物に興味がいきやすいわけです。

でも私がそういう「ふつうとは違う」個性の人間だということで、迫害されたり、仲間はずれになったりする状況が頻発する人生を生きてきたわけです。だから、「人間とはなにか」ということが、ある時期から私の最大の探究テーマになりました。自閉症世界の最大のオピニオン・リーダーと言えるテンプル・グランディンは、じぶんを「火星の人類学者」に喩《たと》えています。自閉スペクトラム症者は、じぶんの星から異世界の火星にやってきたようなものだから、じぶんとは異質な謎の「人間たち」に驚き、探究の対象にせざるを得なかったということです。その気持ちが私にはありありと理解できます。

大学で学部生の頃は、ニーチェの「超人」とか、「従来のホモ・サピエンスとは異なる人間」に関する思想に興味がありましたね。大学院時代には、ドイツ語圏で「新しい人間」という理念がどのように生まれて、文学や思想の世界で、どういうふうに探究されてきたかという問題に打ちこんでいました。「人間」という枠組みに疑問が募るばかり。ものすごく嫌ってはいるんだけれど、じぶんも「人間」なわけですから、気になってしかたない。人間には、現にある存在とは別の可能性があるのではないか、という問題意識を持っていたオーストリアの作家ロ ーベルト・ムージルが中心的な研究対象でした。

でも、発達障害の診断を受けて、その問題意識も私のなかで、おおむね終わりを迎えました。

頭木　というと？

横道　発達障害の診断を受けて「世の中の9割以上は異星人だったんだ！」ということが判明したので、私の「人間」に対する謎のほとんどが氷解したのです（笑）。いまから思えば、ムージルも自閉スペクトラム症の傾向が強い、そして私と同じく解離型の特性を持っていただろうと感じさせる作家でした。発達障害の診断は、私にとって良いことばかりでした。

頭木　良いことばかりですか？

横道　はい。じぶんの人生観を完全に革新できるほどの、大量の気づきを得られたわけですから。

6

横道 ← 頭木

難病のメンタリティ

踏み台昇降をやってる男

横道 手術を経てから、食事内容っていうのは、だいぶ変わったんでしょうか？

頭木 いったんは、かなり解放されたんですよ。けっこうなんでも食べられるようになって。この喜びはすごかったですね。たとえば、ケーキとかも13年間、一度も食べたことがなかったわけですから。こんなにおいしかったかと涙が出ました。

横道 じゃあ、いまはもう不自由なく食べられているわけですか？

頭木 それが、そうじゃあないんです。手術が開腹《かいふく》手術——お腹を開けてやる手術だったので、内臓が空気に触れたわけです。そうすると術後の後遺症として、腸閉塞《ちょうへいそく》が起きる場合がかなりあるんです。腸が詰まるわけです。私の場合も、それが起きはじめてしまって。

そうすると、タケノコだのゴボウだの、繊維質のものは食べちゃいけないと。また低残渣《ていざんさ》な食事にしないといけなくなって。

それに、詰まると痛いんですよ、これが。いちばん痛いところまでは、まだ私はいってないと思いますけど。じつは今朝も、朝5時ぐらいに、お腹が痛くなってきて、これは詰まりかけかなと思って、眠くて寒いのに起きだして、踏み台昇降を1時間ぐらいやりました。足を動かすと腸も動いて、詰まりを防げる場合があるんですよ。もう腸閉塞になりだしてから長いので、対処法も身につけているんです。

最初は、外を歩いてたんですよ。冬の寒いときでも、コートを着て、あてもなく1時間も2時間も外を歩くわけです。道行く人たちは、みんな目的があって歩いているわけです。目指している場所がある。こっちは、あてもなく、腸閉塞のために歩いている。

あれはクリスマス前だったか、そうやって歩いていると、大きなケーキの箱を持って、スキップするように楽しそうに歩いている女性がいて。こういう人もいれば、じぶんのような者もいる。さらに歩いていると、ある家の前に救急車が停まっていて。こっちはまだ救急車には乗ってないわけです。ほんとうに人の幸不幸の差っていうのは激しいなと、1回歩くなかでも思いましたけれどね。

腸閉塞は突然ですし、夜中のこともありますから、いつも外に出るのは難しいので、踏み台昇降の台というのを通販で買ってみたんです。そしたら、これでもちゃんと腸閉塞を防げました。以来、家で踏み台昇降をやってる男なんですよ。

同情がないと生きていけない

横道　ご病気になられてメンタリティというか心持ちがだいぶ変わったと思うんですけど、そのあたりいかがでしょうか。

頭木　たしかに、病気をして、いろいろ感じ方や考えが変わりましたし、性格も変わりました。ましになっている面もあるかもしれませんが、基本的に、ほんとうにダメになりましたね。病気の前のじぶんに戻りたいですよ。まるで別人ですから。

ものすごく卑屈ですね。故障品なわけで、B級品、C級品っていう意識がすごくあります。あと、やっぱり人の世話になって生きていかなきゃいけなくなるわけですよ。それこそじぶんの命すら、医者まかせなわけですよね。これはとってもキツいです。

たとえば「同情されたくない」とか「同情されると、プライドが傷つく」とか言う人がいるじゃないですか。なんてハイレベルな話をするんだと思ってしまいます。

もうね、ほんとうに、人の同情がないと生きていけないんですよね。もうそれこそ医者の優しさにすがるしかないわけですし。医者の性格が悪かったら、命が危なくなったりするわけですからね。そんなことに左右されるなんて、ほんとうに嫌ですよ。他人がリモート運転する車に乗っていて、もし運転を誤ってぶつかったら死ぬのはじぶんだけっていう世界でずっと生きてるわけですから。じぶんで運転したいんですよ。でも、なんとか無事に運転してくださいと卑屈に手をすりあわせてお願いしつづける人生でね。もうじつに嫌ですね。こんな人間にはなりたくなかったですよ。

「ふつう」がじぶん側に近寄ってくる

横道　コロナ禍になってから、生活はだいぶ変わったんでしょうか？

頭木　私の病気ではプレドニンという薬を使うんですが、副作用として免疫力が落ちるんですよ。感染症になりやすいんです。だれかがちょっとゴホンと言うだけで、すぐ風邪がうつっちゃうんですよ。だから、コロナよりずっと前からいつもマスクをして、気をつけてたんですね。買ってきたものは、ぜんぶアルコール消毒していたし、外で食事をするときも、テーブルの下とかで、こっそりアルコールで手を拭いていました。

でも手術して、プレドニンの量をだいぶ減らせるようになって、だんだんそういう神経質な生活をやめようとしていたんです。かなり成果をあげていたところで、コロナ禍が始まって、すっかり逆戻りです。

というか、じぶんのやっていたことが正しいと言われだして、これにはびっくりしましたね。いろんなものを買って帰って、全部アルコール消毒してるの、気持ち悪いなと、じぶんでも思ってたんですよ。人が見たら、異常者だと思うだろうなあと。それがもうテレビとかネットとかで、「買ってきたものはこうやってアルコールで消毒しましょう」と、にこやかにシュッシュッとアルコールを吹きつけているから、おお〜っと思って。じぶんの姿が、正しい見本として放送されていると思って。

横道　そうか。人類全体が潰瘍性大腸炎当事者の体験世界を共有したのですね。

頭木　潰瘍性大腸炎当事者というか、免疫の落ちている人たちの世界ですね。ほかの病気の人でもプレドニンを使っている人は多いですし、免疫力が低下する薬はほかにもありますし、薬以外の理由で免疫力が低下することもありますし。

みんながマスクをするようになったでしょ。昔、マスクして、サングラスして帽子かぶって歩いていると、ヤクザもよけてましたからね。ヒョロヒョロに痩《や》せてますし、危険人物ですよね。

それがコロナ後は、もう「正しい人」になったじゃないですか。前はお店に入っても、ちょっと嫌がられる感じがあったのに、いまはもう、ぜんぜんですよね。マナーの正しい人が来たみたいな感じで、にこやかな対応をされる。

なんか妄想なんじゃないかっていうぐらい、じぶん側に世界が近寄ってきてびっくりしました。

横道 買い物は通販を利用されているわけですか？

頭木 通販ですね。で、玄関置き。この玄関置きもね！ ――いちいち熱く語って申し訳ありませんが――昔、自宅療養しているとき、外出が難しいですから、やはり宅配でいろいろ頼んでいたんですが、当時はいちいちハンコを押さなきゃいけなかったんです。ずっと寝こんでいるんですが、チャイムが鳴って起きあがると、トイレに行きたくなってしまうんですよ。しかも下痢だから、我慢できなくて、漏らしちゃうわけです。さらには免疫力が低下しているから、人に会うのは危ないし。だから玄関の外に置いていってほしいと頼んだことがあるんです。でもダメでした。ハンコがいるからって。

それがいまは、玄関先に置いてくれるでしょう。助かっている人、多いと思いますよ。あれほどハンコが必須だと言っていたのは、なんだったんだと思いますけどね。

横道 最近になって急速に置き配が普及しましたよね。

頭木 ねえ。なんだ、できないわけじゃなかったのかと思って。だったら、昔からやってくれよと。玄関まで出るのも大変な人にとって、玄関先に置いてもらえるのがどれほどありがたいか。じぶんのタイミングで、たとえばトイレに行ったあととかに、荷物を取りこめるわけですから。

ほんとうは対応できるのに、対応してくれないことが、世の中いっぱいあるわけですよ。いくら切実なお願いでも、少数の人間からでは、まるで相手にされないんですよね。「ふつうのやり方」で押しきられて、「特別な配慮」はできないとされてしまう。それが、「ふつう」自体が動くと、あっという間に、変わるんだなあと、驚きを感じましたね。ほんと、ふつうの人は楽だし、ふつうって、おそろしいですよ……。

社会モデルと病気

頭木　ところで、横道さんに訊いてみたかったんですが、障害だと「社会モデル」というのがありますよね。障害は個人の問題ではなく、社会とのあいだにあるもので、社会が変われば障害も消えると。たとえば車いすでは階段をあがれないというのは、エレベーターとかスロープがあれば解決します。「社会モデル」という考え方は、ほんとうにコペルニクス的転回で、熊《くま》谷《がや》晋《しん》一《いち》郎《ろう》さんの『リハビリの夜』（医学書院）で初めて知ったとき、とても感動したんです。

ライトノベルとかで、異世界ものってあるじゃないですか。あれもつまり「社会モデル」のようなものですよね。じぶんはいまのこの現実世界ではうまくいっていないけど、別の世界に行けば、そこでは非常にイケてるんじゃないかというのは、実際ありうることですよね。

ただ、「社会モデル」を、じぶんの病気に当てはめようとしてみると、病気だとうまく当てはまらないんですよね。世の中が変わってくれても下痢は止まらないわけです。もちろんトイレを増やしてもらうとか、電車にトイレをつけてもらうとか、社会で変えてもらえることはいっぱいあります。でも、たとえば腸閉塞で腹痛だっていうときに、この痛みは社会がどう変わっても痛いわけです。どんな異世界に行ったたって痛いんですよね。もちろん、治せる医者がいる世界かどうかというのは、大変な違いですけど、とりあえずじぶんの状態としては変わらないわけですよね。

横道　そうですね。障害というものが、その人自身の身体的な器質にのみ由来するものと考えるのが、医学モデルとか個人モデルと言われていますよね。それに対して、障害とは社会の側の至らなさの問題なんだと考えるのが、社会モデルですね。社会が努力して生きづらさがなくなるんだったら、社会の側に責任があると。現在では一般的に両方の掛けあわせで障害を考える、世界保健機関の「国際生活機能分類（ＩＣＦ）」のモデルが標準的になってきています。特殊な器質を持った身体と、至らなさを抱えた社会の歯車の嚙みあわせが悪くて、障害が発生していると考える。

未来から振りかえってみると、障害だったとわかるものもあるかもしれません。頭木さんもいま、眼鏡をつけておられるけど、私もコンタクトレンズを嵌《は》めていて、それがなかったら、視覚障害者と言ってもいいくらいほとんど見えない。眼鏡やコンタクトレンズがない社会だったら、私は視覚障害者になるけれど、それがある社会に生きているから視覚障害者でなくなっている。そう考えることができますが、眼鏡やコンタクトレンズがない時代の人にとっては、

「あなたが死んだずっとあとの未来には、あなたのような人は障害者じゃなくなるよ」と声をかけても、なんの足しにもならないですよね。将来、潰瘍性大腸炎を取りまく状況が変わって、当事者の負担がなくなっても、それはいま苦しんでいる頭木さんにはなんの足しにもならない。

別の角度からも考えてみますが、頭木さんの痛みは、じぶん自身と外にある環境とのギャップによって起きてるわけではない痛みでしょうから、それはやっぱり障害とは言いにくいかなと思います。

漏らし文化圏

横道 他方で、頭木さんもおっしゃったように、トイレがもっと多くの場所に設置されていたら、あるいは、まわりが漏らすことに対してもっと寛容な価値観に変わったら、頭木さんはずいぶん楽になるかもしれないので、そういう意味では頭木さんにも障害者としての側面が部分的に備わっているのでしょうね。

頭木 そうですね。漏らすことについての寛容さは、ほんとうに社会に求めたいことのひとつですね。

横道 私が生きている発達界隈でニューロダイバーシティ、つまり「脳の多様性」と呼ばれているようなものに似た「消化器疾患ダイバーシティ」があってほしいですね。

潰瘍性大腸炎は国内にだいたい20万人の患者がいるそうですね。自閉スペクトラム症者は、全人口の1パーセント前後だとすると、100万から200万人くらいです。聾の人は40万人ぐらいだそうです。自閉文化圏や聾文化圏があるのだから、20万人の潰瘍性大腸炎の当事者たちを糾合《きゅうごう》することで、独自の文化圏を提唱していっても、私はおもしろいんじゃないかと思うんです。「漏らし文化圏」というのがあってもいいかなと。

頭木　漏らすことに関しては、過敏性腸症候群の人たちも、けっこう仲間ですからね。ただ、みんな、漏らしたことは隠します。漏らした人がいたとして、それを嘲笑する人たちのなかに、じつは漏らしたことがある人もいるわけです。バカにする側に回ることで、バカにされないようにじぶんを守る。そういうことって、ありがちですよね。だから、なかなか難しくて。

横道　セクシャル・マイノリティの世界で、じぶんは当事者ではないんだけれども、理解者や協力者として活躍するという人をアライと呼ぶんですけど、そのアライの人たちを増やして、一緒に文化圏を作っていくっていうの、私はいいなと思います。

頭木　それができたらいいなと思うんですけどね。漏らした者同士、その気持ちがわかる人も含めて、みんなで語りあえる場をつくれたらいいなあと。

横道　頭木さんが生理用品をつけて外出したという逸話に、私は感動しました。

頭木　生理用品ね……。私の病気はひどい下痢状態になることがあるので、外で漏らしはしないか、とても不安なんですよね。

それを医者に相談したときに、「生理用品をつけて出るといいよ」って言われて、最初は他人ごとだと思ってなにを言うんだと、腹が立ちましたね。女性の生理用品をつけて表に出るとか、変態みたいじゃないですか。もしバレたらと思うとぞっとしますし。よくそんなこと平気で言えるなと、呆れました。でも、たしかに、生理用品は便利なんですよね。

横道 ちなみに、なぜオムツではないんですか？

頭木 当時、オムツはまだいまほど薄くなかったんじゃないですかね。ぶ厚くて、つけているとまわりからわかってしまうくらい。

横道 なるほど。

頭木 実際、生理用品を使っている人はけっこういたみたいです。私も使ってみたんですが、女性への尊敬がすごく増しました。勝手な尊敬かもしれないですけど。つけてもわからないみたいなCMをよくやってるから、さぞつけ心地がいいんだろうと思ってつけたら、ものすごい違和感でね。

男女では体のかたちが違うせいもあるのかもしれないけど、気になって気になって、つけてるのを忘れるどころじゃない。ズレて漏れたりしないかも、すごく気になるし。これを毎月つけるのは、ほんとうに大変だなと思って。こういう経験をしてるか、してないかだけでも、男と女はまるで人間のレベルが違うんじゃないかと思いましたね。

じぶんの体のことを他人に隠して、漏れないようにとか、気をつかいながら生活しているってこと、健康な男にはまったくないじゃないですか。たとえば急にどこかに連れていかれても、男の場合、平気なわけで。でも女性だと、生理用品のないところに1カ月以上、連れていかれると困るわけですよね。事前の準備が必要です。そういう事情を抱えているか、抱えていないかって、やっぱり人への思いやりが違ってくるんじゃないですかね。

役に立たないものが好き

横道　闘病記の分野では、病気になって良かったという語りが人気ですけれど、頭木さんとしては、プラスに思える面というのは、ぜんぜんないですか？

頭木　良かったこともあるんでしょうけど、マイナスが大きすぎるんで、プラスは感じられないですね。ぶんなぐられて、少しなでられても、痛みしか感じないですよね。それと同じようなもので。

病気になったとき、友だちに「壊れちゃったねえ」って言われたんですけど、それはすごくピッタリの言葉だったなと。

だから私は、壊れたものを捨てられないんですよ。捨てて新しいのに買いかえたらいいのにって言われても、なんてこと言うんだって思っちゃいますね。使えないから捨てるんだったら、じゃあじぶんも捨てなければいけないじゃないかということになってしまうんで。

だから、役に立たないものが好きですね。文学は役に立たないって言われたりしますよね。そうすると、かえって文学への好感度がぐっと高まります。だからいいんじゃないか、と。たしか韓国の絵本だったと思いますけど、ウンチが主人公なんです。汚い、臭い、嫌われ者で、じぶんは生きている意味がないとずっと思ってて。それが最後に死ぬってときに、じぶんが肥料になって、きれいな花が咲くんですよ。その花を見ながら、じぶんもじつは役に立つんだと知って、すごく感動して死ぬっていう話で。これを読んで感動している人も多かったです。どんな人にでも役割はあるんだと。

私は、もうほんとうに腹が立ちましたね。「なんだよそれ、ふざけんなよ!」と思いましたね。役に立つほうがいい、役に立つことはすばらしいという考え方が、もう嫌ですよね。役に立ったら、喜んで満足して死んでいけるみたいなね。むしろ、花のところで死んじゃいけないと思いました。死ぬんだったら、せめて無駄に死なきゃいけないと思いましたね。「肥料になるな!」と。

横道さんは、そういうことないですか?

横道　もちろんわかるんですけど、その役に立たないというのが、役に立ちますよね、けっこう。

頭木　そうですね。

私たちの役に立たなさぶりを、この本で世間に突きつけてやりましょう。

横道 ですからこの本の帯のキャッチコピーもそれにしましょう。「この本は役に立たない!!!」

頭木 だれも買いませんよ（笑）。

勇気のもらい方

頭木 あと、「勇気をもらえる」というコメントとかもね、気になる場合があります。たとえば難病ものの映画とかあるでしょう。するとだいたい、若いきれいな女の子が難病で、もうじき死ぬんだけど、明るく健気に生きてて、一方で、人生つまんないと思ってた男が、じぶんもちゃんと生きなきゃみたいなことになるんですよ。「ふざけんな！」と思うんですよね。人の死を踏み台にして、なに、生きる喜びを取りもどしてるんだよと思って。ほんとうに許せないなあと思うんですよね、ああいうのは。

横道 私は意外と安易に勇気をもらう側なんですけど、もらい方がふつうとは異なるかもしれない。

グリム童話に、小さな動物や生活用品が仲間を増やしながら旅をするという内容のものがあります。仲間たちが片っ端からガンガン死んでいって、「最後はみんな死んでしまいました。おしまい」というふうに終わる。「めんどりが死んだ話」と言います。これには激烈に勇気をもらいました。

頭木　その話で勇気をもらえるんですか？

横道　ええ。「こんなんありか⁉」と思って。じぶんの想像を超えていたということで、勇気づけられる。私が頭木さんの本からもらう勇気もそういうものです。いつも期待の地平を上回っていますから。

頭木　それはとてもうれしいです。勇気をもらうのにも、いろいろあるんですね。

インターバル 3 SNS文学

横道　頭木さんのツイッター（現在はX《エックス》と改称）での投稿がおもしろいと思うので、以下では、それらを一緒に見ていければうれしいと思っています。
　2022年2月28日の投稿です。

「何をしたか」で、人を評価しすぎだと思う。
「何をしなかったか」も、とても大切。傷つけなかった、人の上に立とうとしなかった、差別しなかった、欲に溺れなかった……。
人生を振り返って、「あれをやった」と感慨にふけるのもいいが、「あれをやらなかった」と誇りにするのもありだと思う。

　すごく印象に残って、「This is 頭木弘樹！」と思いました。

頭木　まあ、じぶんがなにもしなかったから、そう言っているのもありますけど。多くの人がいろんなことをする20代・30代を、ほぼ寝たきりで過ごしているので。そうすると、やっぱり世の中ってなにをしたかで評価されるんだなっていうのをしみじみ感じるわけですよね。
　でも、なにかをしなかったという人も、けっこういると思います。それってほんとうに気づかれにくいんですよね。たとえば、お酒を飲んで暴れる夫で苦労した女性が再婚して、今度の夫がお酒を飲まないってだけで、「ものすごくいい人」って言ったりするんですよ。なにかをしないって、じつはすごく貴重なことなんですよね。

横道　つぎは2019年3月13日の投稿。

電車で隣りに座っていた女性2人がずっと陰口で盛り上がっていた。ところが、足の不自由な人が入ってくると、私よりも先に気づいて、たちまち自然に席をゆずり、そのまま陰口を続けた。陰湿さと善性の同居。これだから人間は魅力的。つくづく、ある一面だけを見て人を判断してはいけないなと思った。

頭木　この電車の出来事はけっこうびっくりしたんです。なんか一面だけで人を切る人が増えたじゃないですか。こういう考えだから、もうこの人はダメ、みたいな。だけどやっぱりね、人はもっと多面的というか複雑ですよね。

　病院の6人部屋でも、それを感じました。たとえば50代で出世街道を歩んでて、もうじき専務になるような人は、かなり人間が固まっているわけですよね。価値観だの生き方だの。それが突然、病気で出世街道から叩きおとされて、お見舞いの人たちからも、もうあなたは終わりみたいな感じのあつかいを受ける。そうすると、ものすごく揺さぶられるわけですよね。じぶんの価値観とか生き方を。

　その揺さぶられて、硬い殻ができていたのが崩れていくところ、それは日常ではなかなか目にしない人間の姿で。変われない人間が変わらざるを得ないときの、なんとも言えない、ある種、妖怪の鵺《ぬえ》みたいな状態になって。なんだかよくわかんない人に、一時期なるんですよね。半分壊れて、半分保ってるみたいな。それはやっぱり、ある種、とても魅力的なんですよ。

そうすると、「この人はこういう人」みたいに割りきるのとは、対極的なんですよね。どんな人でどうなっていくのか、さっぱりわからない人っていうのを眼の前に見るっていうのは。

だから病院の６人部屋でいろんな人を見た体験は大きいですね。

横道　じゃあつぎは、２０２１年６月７日の投稿。

どう考えても、年寄りで生まれて、だんだん若返っていくほうがいいな…。最初に衰えた身体のつらさを思い知って、それからだんだん元気になっていき、そのありがたさを充分に享受して、それから小さくなっていって、かわいい赤ちゃんになり、漏らしても世話しやすく、惜しまれて消えていく……

これ、賛成します。１票を投じます。これが実現していない時点で、神も仏もいないとわかる。

頭木　人生をやりなおしたい願望ですね、これは。私はタイムトラベルものも大好きなんですよ。小説でも映画でも、見つけたら、たとえつまらなそうでも、もうほとんど義務のように、読んだり見たりしています。「大切なのは、過去ではなく、これからの未来を変えていくこと」というオチになると、ほんとうにガッカリしますけどね。せっかくタイムトラベルまでして、そんなわかりきったお題目に到達するのかと。せめて、過去をやりなおす楽しさだけは、十分に味わわせてほしいですね。

横道　そうか。病気の質とか種類によって願望が違ってくるはずですね。

私の場合だと、自閉スペクトラム症があると、しょっちゅうタイムスリップ現象と言われているものが起きるんです。人生のある時期を、そのまま追体験したような気分になってしまうというのがあって。私の場合には悪い場面にタイムスリップすることが多い。それで「地獄行きのタイムマシン」と呼んでいます。「タイムマシンに乗れますが、行き先は地獄しか選べません。それでもあなたは乗りたいですか？」っていう。だから私は頭木さんとは逆にタイムマシンへの憧れがすごく小さい気がします。

頭木　私の場合は、病気じゃなかった時期があるから、病気にならないほうの時間線に乗りかえたいっていう願望が強いんでしょうね。

横道　私はそういう時期がないから。「戻ってどうすんの？」って思ってしまう。「また苦しい人生をリピートする？　永遠の責め苦？　無限地獄か？」って。

頭木　私は人格入れかわりものも好きなんですよ。ほかの人と心だけ入れかわるみたいなの。やっぱり私は体の病気だから、すごく憧れるわけですよ。ほかの人の健康な体にじぶんの心が入ったら、もう万々歳なわけですけれど。横道さんは、それは思わないですよね？

横道　ないですね。『君の名は。』なんかも、そんなにピンとこず。

ただ、私が反応してしまう創作物のタイプっていうのもやはりあって、それは「分身もの」なんです。人生を振りかえってみたら、気になる他人は「いま思えば発達障害者だったんだろうな」という人が圧倒的に多かったんです。ほとんどの人はじぶんとまったく似ていないのに、なぜか人類の10人に1人くらいはじぶんの分身だというのが、私の世界観というか、発達障害者の世界観なわけです。その不思議さ。

それで文学のモティーフでも、エドガー・アラン・ポオの『ウィリアム・ウィルスン』とか、ドストエフスキーの『分身』はとてもハマりました。萩尾望都も、とくに初期の頃は「分身もの」が多いですよね。

頭木　ああ、それは考えたこともなかったですね。じゃあ、萩尾望都の『半神』も、そういう読み方をしてらっしゃるんですね？

横道　そうですね。『トーマの心臓』もそうだし、『ポーの一族』も、吸血鬼のバンパネラが仲間を増やしていく物語。じぶんの分身問題に対する関心の発展系かなと。

頭木　ああ、なるほど。そうか。私は分身もの、そんなに惹かれないんですよ。私はじぶんが増えても苦悩している人間が増えるだけっていう感じですから。

横道　この方向の話は、いろいろと広げようがありそうで、おもしろい。「こういう病気・障害だから、創作上のこういうモティーフに惹かれてしまう」というのは、開拓されていない未知の探究領域だと思います。

おまえくらいは俺のことを
わかってくれよ（横道）

ラウンド
4
だれと生きるのか？

これでもうお別れに
なるだろうな（頭木）

7

頭木 ← 横道

発達障害とセクシャリティ

性の揺らぎ

頭木　横道さんはご自身にＬＧＢＴＱ＋の面があり、その自助グループも作っているそうですが、発達障害とＬＧＢＴＱ＋には関連性があるのでしょうか？

横道　発達障害の問題と性の問題っていうのは、さまざまに研究されていて、まだはっきりしたことはわかっていない面が多いんですが。とはいえ自閉スペクトラム症があると、いわゆるセクシャル・マイノリティの傾向が強い人が多いと言われています。いろんな考え方があって、ひとつには自我に不安定な面があるので、性自認とか性的指向も例外化しやすいのではないかという考え方。

他方、自閉スペクトラム症があると、言いたいことをはっきり言わなくては気が済まないという特性があるから、多くの人が黙って隠しているじぶんの性の問題について声をあげることが多くなっているのではないか、と考えることもできます。

念のために言うと、ＬＧＢＴＱ＋の集まりに行くと、そこでも発達障害の人は圧倒的にマイノリティです。ただし、若干比率はあがってるかなという気はするんですよね。一般社会では1割弱だけど、ＬＧＢＴＱ＋の世界だと2割とか3割とか。あくまで私の主観ですけど。

頭木　では、発達障害者のなかでのＬＧＢＴＱ＋の人の割合はどうなんでしょうか？

横道　とくに目立つのは、日本で従来Ｘジェンダーと呼ばれ、最近では海外にならってノンバイナリーと言われている性自認を訴える人の多さですね。無性や両性や不定性などのタイプもいますけれど、なかでも、じぶんは男性でも女性でもなく中性なんだと考える人は多いです。

しかしながら、Ｘジェンダーの集まりに行くと、肉体レベルでは同性愛の人が多いと感じます。でも発達障害者のＸジェンダーは、肉体レベルでは異性愛者が圧倒的に多いです。つまり体が女性で、心は中性なんだと言うけれど、好きになるのは男の人だけとか。体は男性で、心は中性で女性寄りだと言ったりするけれど、女性しか恋愛と性愛の対象にならないとか。なので、一般社会でのノンバイナリーとほんとうに一緒なのかなと、疑問に思うところがありますね。

頭木　少し違いが感じられるわけですね。

横道　うん、そうですね。私自身は異性愛者に近い両性愛者で、やはりＸジェンダーの感覚はあります。つまり男だということはいちおう認めるけれども、はっきり男だという自信がないわけです。発達障害者は、同性と交流していても、なにかと疎外感を味わう経験を重ねますから、じぶんの心が肉体の性と必ずしも一致していないと感じるようになるのではないでしょうか。しかし心が体とまったく反対の性だとも思えないから、トランスジェンダーではなく中性と感じることが多いのでは、というのが私の推測です。

頭木 なるほど。同じ性別の集団のなかでじぶんを異質に感じるから、じぶんの性はじつは違うんじゃないかと思ってしまうと。先ほどおっしゃった、多くの人が隠しておくことをはっきり言わなくては気が済まないということも、数が少し多めに感じられることに関係しているかもしれませんね。

横道 そうですね。オナニーを初めてした時期は、だいたいアニメやマンガの美少年とか美青年同士の性行為を想像しながらでしたね。そのあと、ちょうど女性が男性同士の友情に憧れたり、男性間の恋愛や性愛を妄想したりして、つまり異性の世界を美化しがちなのと同じような具合で、私も次第に美少年同士よりも美少女同士の性的な関係に憧れるようになって、それでオナニーをすることが増えましたね。そういう体験からも、じぶんが男なのか女なのか、曖昧に感じることが多くなった気がします。

それから私は、日本の作家のうちでは、とりわけ大江健三郎と村上春樹の影響を受けていますが、このふたりが両方とも好きという人は、けっこう珍しいと言われます。ふたりの共通点のひとつは、じぶんの実体験や関係に根づいていそうな性的場面を露骨に語るということ。露出狂とはもちろん別で、じぶんのモヤモヤした部分をはっきりさせていかなかったら気が済まないという面があるのかなと私は思っています。私はこのふたりの作家は、自閉スペクトラム症の特性が強いと見ています。

初恋の思い出

頭木　発達障害の当事者の性の問題については、『ひとつにならない――発達障害者がセックスについて語ること』（イースト・プレス）という本で書いておられますね。非常に衝撃的なおもしろい本だと思います。

横道　あの本では、非常に緊張しながら当事者の方々と対話を重ねました。障害者が一般的なしかたで恋愛や性愛を体験するのはなかなか難しいので、トラウマに触れかねないし、そうしたら心の大事故になる。特異な体験の数々を、どのような言葉でまとめていけば適切かということにも悩みぬきました。

頭木　今回は、横道さんご自身の恋愛の問題についてお伺いさせてください。まず、初恋はいつぐらいに、どういう相手だったんでしょうか？

横道　小学校のときに仲が良かった親友のひとりに対しては、恋心的なものがありました。

頭木　相手は男性ということですか？

横道　はい、凛々しい少年。

頭木　「小さい頃から周囲の人を異星人的に感じていた」というお話がありましたが、そうすると恋愛をするときにも、「異星人を好きになれるのか」という問題が出てくると思うんですけど、好きにはなれるわけですね？

横道　やっぱり憧れが核にあるんでしょうね。私の初恋相手の少年は定型発達者だったと思いますが、そのあとは強く関心を持つ人、男性でも女性でも仲良くなりたいと思った人は、発達障害の特性を感じさせる人が多かったです。ごく稀に私の人生に登場してくる、異様にフィーリングが合う人たち。

先に、文学作品の「分身」モティーフは発達障害の問題と関係があるかも、と言いましたが（インターバル3）、「ソウルメイト」に憧れている人って、自閉スペクトラム症の特性が強いことが多いかもと推測しています。たまに異様に似ている人に出会うから、世界のどこかにはじぶんと同一の魂を分けあった人がいるんじゃないかと想像してしまうわけです。トーマス・マンは同性愛寄りの両性愛者だったと思いますが、彼の作品『トニオ・クレーガー』や『魔の山』に出てくる同性愛的な感情は、私にはすごくしっくりきます。

頭木　では、発達障害の当事者同士が惹かれあう傾向も、かなり強いわけですね？

横道　うん。そういうカップルは多いですね。運命の相手だと思ってめぐりあうんだけど、お互い「変人」ということで、結局は衝突が増えて破綻していくというパターンも多いです。

頭木　衝突してしまうんですか？

横道　「変人度」にもグラデーションというか、ダイバーシティがあるわけですから、じぶんのことはじぶんごとだから受けいれるしかないけど、パートナーには「なぜおまえはそんなに変わっているんだよ」と否定してしまう。じぶんにない特異性が気になってしかたがないというか。

頭木　そうなんですか。変わっている者同士、許しあえるというところもあると思うんですけど、難しいですか？

横道　それができるような寛大さを持っている人ももちろんいるんだけど。診断を受けてから、人生のいろんな事情に眼ざめることで、パートナーに優しくなる人もいます。

頭木　そういう意味でも診断はやっぱり大きいわけですね。

横道　どう変わってるかの方向性はじぶんと違うけど、同じような事情で困っているんだということが強烈にわかるようになりますから。相互承認の準備が整うのです。

好きになった人への告白

頭木　好きな人ができると、つぎはその気持ちを相手に伝えるかどうかということになります。

ふつうでも告白は大変に勇気のいることですが、発達障害者であるということで、よりハードルをお感じになったりするのでしょうか？

横道　まず、気持ち悪くて相手にされないということが多いですからね。

私の場合だったら、青色が好きだから空を見て歩くんですよね。そうすると、いつの頃からいつも顎《あご》があがっているのが基本姿勢なんですよ。

体の問題としては、斜視《しゃし》もあって、それが発達障害の人のちょっと独特な顔の表情と組みあわさると、気持ち悪い印象を高めている気がします。やはり体の問題ですが、肥満気味で、太り方に特徴があるので、異様に見えると思います。肥満は発達障害につきものの依存症傾向から生じるものです。

頭木　そうすると、恋愛をするときに、相手を異星人的に感じるということ、またじぶんが発達障害であるために好かれにくいと感じるということ、そしてさらに、好きな相手が同性の場合は、それもハードルが高いですよね。そういう複数の困難を感じながら、それでも告白はされるほうですか？　それとも、なかなかできないですか？

横道　わりとやるほうですね。孤独なことが多いから、ほかの人よりも「この人はじぶんに気がある」と錯覚しやすいかもしれない。

自閉スペクトラム症者は興味の幅が狭く、逆にごく一部のものに対して集中的にのめりこみますからね。これは定型発達者も同じですが、やはりじぶんを基準に考えがちじゃないですか。

自閉スペクトラム症者が相手に向かって微笑むとか、なにかと優しく接するとかは、定型発達者以上に特別な関心がある場合に限られているので、じぶんの事例を相手に適用して、相手の女性もそうだというふうに誤認してしまうんでしょうね。

頭木　ああ、そういうことなんですね。なるほど。相手が微笑みかけたりするのは、じぶんに関心があるからだと、自閉スペクトラム症者の場合はより思いやすいということですね。

横道　いままでいちばん好きだった女性は、女性同性愛の関係に憧れがある異性愛者でしたね。レズビアンもののAVをよく喜んで観ていました。「どちらかというと女の子のほうが好きだけど」と言いつつ私を好きになってくれた人で、「この人は運命の相手だ」と思いました。結局、関係はダメになりましたが。

相手に性的な曖昧さが欠けていると、じぶんの曖昧さもふつう理解されないので、私的な関係づくりが「ふつうの人」以上に難しくなると思います。

カサンドラ症候群

頭木　発達障害者と定型発達者との恋愛については、いかがでしょうか？

横道　発達界隈では「カサンドラ症候群」という概念が広まっています。ギリシア神話に出てくるカサンドラという女性は、なにを言ってもまわりが信じないように呪われてしまう。じぶんのパートナーはふつうじゃないって訴えるんだけど、みんなわかってくれない。自閉スペクトラム症者と結婚したら、そんな状況になりがちです。じぶんは「異星人」と結婚してしまい、不幸に生きる「被害者」だと言うわけです。

でも、パートナー側もじぶんで選んで「障害者」に生まれてきたわけじゃありませんから、障害者をパートナーにしたせいでひどい目に遭ったという図式の提示って、どうなんでしょうね。

頭木 そうなんですね。恋愛や結婚では、発達障害の当事者よりも、相手のほうが困っている場合もあると。

横道 自閉スペクトラム症者の認知の仕組みは、いわゆるエゴイスト的なものと見られやすいですから、身近にいる人は鬱陶《うっとう》しく感じやすいのです。

診断を受けて、私はだいぶ謙虚になりました。以前は「なぜ世の中にはおかしな人が多いんだ」と思ってましたから。じつはその逆が真実だという(笑)。強烈な自己否定に襲われ、希《き》死念慮《ねんりょ》もすごかったんですけど、いろいろ勉強して、自閉スペクトラム症者と定型発達者という別々の星の人が地球で共生しているんだと考えるようになりました。お互いが地球外生命体だと知らずに共生しているから、トラブルが起こる。

国際結婚だったら、この人は外国人なんだからということで、「違っていてあたりまえ」となりますよね。常識の擦りあわせをしながら、共同生活を送るでしょう。発達障害者と定型発達者の場合、見た目で「他惑星の出身者」だとわからないから、ケンカになる。

理解されることに飢えている

横道　ADHDがあると注意が拡散するから、あちこちに興味を持って、多少浮気性の傾向があると思うんですが、自閉スペクトラム症の場合には一途な傾向があると思います。

ただ、自閉スペクトラム症とADHDが併発している人も多いし、発達障害の特性は多様だから、ほんとうは一般化できない。さっきの「カサンドラ症候群」に関して言えば、自閉スペクトラム症者は共感性がない暴力的な夫になると思われがちですけれど、一途な側面が相互理解の欠落によって加害的な方向に行ってることが多いんじゃないか、と私は自助グループで話を聞いていて思いますけれどもね。

あまりにも理解されることに飢えているから、パートナーに対して「おまえくらいは俺のことをわかってくれよ」と願う思いが強くなって、それが「なんでおまえも俺のことをわかってくれないんだよ」「なんで俺が嫌がるようなことをするんだよ」と絶望して、それがモラハラ的な言動につながるという。女の人は「パートナーは一途な人がいい」と思うかもしれませんが、「一途」というのは、こんなふうに「重い」こともあるということです。

頭木　横道さんも自閉スペクトラム症とADHDの両方がおありなわけですが、ご自身はどうなんですか？

横道　好きになると、自閉スペクトラム症的に一途なんですけど、ADHD的な浮気性もありますね。よくいやらしい画像を見ながらオナニーしてますしね。それはかまわないんじゃないかと言われても、「おまえだけが大切」と恋人や妻に言いながら、愛人を作りまくっているのと、どう違うのか、私には難しい問題です。

だからじぶんでじぶんに言い訳したりします。「オナニーをするんだけど、じぶんの知りあいの人ではない」と。私の場合、申し訳ない思いが強くて、リアルな知りあいではオナニーできないんです。AVはフィクションなんで、許してほしいとか、心のなかで懸命に考えてましたね。

それから、実際に浮気をしたことがあるかどうかですが、それはありません。発達障害者もいろいろですが、私は不器用なほうだから、複数の恋人を適切に管理する能力なんてないんです。なんとなく気になる人ができたら、恋人に「いまそういう状況になって困っている」ってしゃべってしまいます。

頭木　恋人にしゃべってしまうんですか？

横道　やはりその人が好きなので、じぶんのことをわかってほしいと思って。助けてほしいわけです。

頭木　恋人のほうも困るでしょうね。

横道　だから、障害のことは知らないまま、「なんて一途なんだろう」と胸がキュンとして、自閉スペクトラム症の男性と結婚するんだけど、共同生活が始まると「いくらなんでも異星人すぎやろ！」とびっくりして、「ああもう耐えられない」っていうのが、「カサンドラ妻」なわけです。

頭木　ああ、なるほど。

横道　みんな早く、診断を受けたらいいなと思います。診断を受けたら、だいぶ変わりますからね。じぶんの人生を謎だらけにしてきた伏線がみごとに回収される。診断を受けたことで、「じぶんが障害者だなんて」と心が折れる人もいますが、そういう人は自助グループに参加して、早くつまらん差別意識を卒業していってほしいと思います。

8

難病と家族

横道 → 頭木

落語と語りの文体

横道　頭木さんは落語もお好きですよね。頭木さんの文章を初めて読んだときに、どういうふうなしかたでそれが成立してきたのか、想像がつかなかった。非常に独自性の高い文体だと思ったんですけど、頭木さんの書いた『落語を聴いてみたけど面白くなかった人へ』（ちくま文庫）を読んで、アッと思ったわけです。頭木さんの秘密のうち、私にとってもっとも核心的だった部分がつかめた気がしました。

頭木　落語との出会いは中学生のときです。『地獄八景亡者戯《じごくばっけいもうじゃのたわむれ》』という、すごいタイトルのカセットをたまたま目にしまして。買って帰って聴いてみたら、1時間以上もある噺《はなし》で、すごくおもしろかったんです。落語って、思っていたものとぜんぜん違うなと。

ただ、本格的に聴くようになったのは、大学3年で難病になって入院してからです。ときどき外出許可が出るようになって、病院の近くのCDショップに行ったら、懐かしの『地獄八景亡者戯』を含む『桂米朝上方《かつらべいちょうかみがた》落語大全集』が40本くらい、ずらっと並んでいました。それを外出許可が出るたびに1本ずつ買って帰って、病室で聴いていたんです。点滴で手が腫れちゃって、本を持つのがつらいときもあって。そういうときに落語を聴いていました。

落語って、じつは内容が暗いんですよね。貧乏とか、アルコール依存とか、ギャンブル依存とか、人生どうしようもなくなっている人ばっかり出てきますから。病気のときに聴くには、けっこういいんですよ。共感もできるし、笑いもあり。

そこからは、もういまに至るまで、毎日落語を聴かない日はないです。なので、意図的ではないですけど、やっぱり文体には反映されているかもしれません。

耳で聴く語りの文体と、目で読む書かれた文章の文体がまったく違うっていうことは、すごく感じるんですよ。どっちがいいという問題ではないんですが。カフカは語りの文体だと私は思っているんですよね。だからほかの作家についても、語りの人、そうじゃない人っていう感じに、なんとなく分けています。

じぶんが書くときは、そんなに意識はしていないんですけど、やっぱり目で読むだけでなく、口で語ってもらいたいというのはありますね。じぶんの本は、無料で朗読する場合は勝手にやっていいですよ、とブログにも書いて、著作権フリーにしているんですよ。そういうふうに、語りは好きですね。落語の良さを、言文一致体を作ったときとはまた違うかたちで、あらためて文学に取りいれられたらなと思っています。

横道　カフカに関して言うと、彼はおそらく朗読することを前提にして書いていったんですよね。けっこう悲惨な話なんだけど、仲間うちで朗読すると、笑いが起きたりした。そのエピソードを踏まえると、カフカの作品に語りものの要素があるというのは、納得できるところがありますね。

昔話に魅せられて

横道　民間伝承が好きなのも、語りものへの興味から出てきたわけですか？

頭木　そうですね。幼い頃、11歳年上の兄が昔話をいっぱい語ってくれて、そのおかげで、昔話はもともと大好きだったんです。落語好きになってから、落語って世界の昔話がもとになっているなあって気づいて。

西村正身《まさみ》さんという、作新学院大学の名誉教授がいらして、世界中のどこの国にどんな類話があるかをものすごく把握しておられるんです。その本を読んで、やっぱりそうかと感動して。世界という広がりのなかで昔話を見ると、すごく興味深いんですよね。アフリカから日本まで、口から口へと旅してきて、そのあいだに、ある国ではこう変化して、つぎの国ではこう変化して……これがたまらなくおもしろくて、そこからさらに好きになりましたね。昭和の名人の古今亭志ん生《ここんていしんしょう》の十八番《おはこ》だった『風呂敷』という噺も、ナイル渓谷から伝わってきてるんです。風呂敷は、もとは女性のヴェールなんですよ。

宮古島に移住したのも、宮古島は古い昔話が残っているからというのがいちばん大きいですね。コロナの影響で、いまは東京で暮らしていますが。

横道 私はもともとはムージルの研究者だったのですが、ドイツ文学研究という分野の成立過程を知りたくなって、この分野の草創期に中心人物として活躍したグリム兄弟を研究するようになりました。それで、彼らが収集した民間伝承の魅力にも眼ざめた。もとはいわゆる「純文学」的なものを研究していたのですが、民間伝承に触れていると、ギョッとするようななまなましい感触があって、その魅力に接していると、純文学的な作品が色あせて見えた時期がありました。

頭木 それ、すごくわかります。私が宮古島の昔話に魅せられたのも、いわゆる『桃太郎』みたいな洗練の極みみたいな昔話と違って、始原的な魅力というか、川下のつるつるした石ではなく、上流のごつごつした石のような感じが、たまらないんですよね。ある意味、洗練されていないんですけれど、その代わり、物語の持つ力にあふれているわけです。いわゆる起承転結なんかじゃなくて、伏線とかもまるで回収しない、突然出てきた人物が話を違う方向に持って行ったりする……そういう力強さに、もううっとりしちゃうんですよね。

横道 非常によくわかります。奇想天外というか、近代的な常識を超えた内容が混ざってきますもんね。

宮古島への移住

横道 宮古島への移住というのは、いつごろなされたんですか。

頭木 東日本大震災のあとなんです。震災もきっかけでした。

宮古島の海は、宮古ブルーと呼ばれて、すばらしいんです。さらに、ニコライ・ネフスキーという人の本を読んだんです。ネフスキーはロシアの言語学者・民俗学者で、日本に来て日本の女性と結婚したラフカディオ・ハーン（小泉八雲）みたいな人なんですが、日本の昔話の研究もしていて。

波紋理論ってありますよね、昔話は波紋のように広がり、中心のほうでは消えても、端っこのほうに残っているという。で、アイヌと宮古島に古い昔話が残っているというので、ネフスキーはその両方に行って研究しているんです。それを知って宮古島に惹かれました。

宮古島に行ったとき、宮古そばのお店に入ったら、たまたまそこのおじいさんが宮古島の昔話を収集してじぶんで雑誌を作っていたんです。それが飛びあがるほどおもしろかったんですよ。マジムンという、沖縄の魔物の出てくる話だったんですが、人間のほうがひどいんです。いろいろマジムンにひどいことをしたあげく、マジムンの薬指と小指の間を針で突いたらマジムンが死ぬんです。こう説明しても、なにがなんだかわからないと思いますが、とにかく理解を超える話が多くて。

横道 私も一時期、八重山《やえやま》諸島の波照間《はてるま》島というところが気に入って、そこに何回も通っていたことがあります。ヤギが人間よりも多い島。青い海と空と、白い雲とヤギたちと。

頭木 沖縄はいいですよね。私は東京の大学病院に通っていて、院内で作っている薬を使っていたんです。だからその病院の周囲数キロ以内にしか住めないと思っていました。まるで杭に鎖でつながれた犬みたいな感じです。でも、震災があって、いつどこで死ぬかわからないなと思って。

私は、死にたくないっていう思いが、すごく強いんです。病気になって以来、死にたくない、死にたくない、なんとか死なずにいたいとずっと思ってきたので、病気以外で死ぬということが、逆にあんまり頭になかったんですね。でも、いつどんな災害があるかわからないとなると、病気のことだけ考えて動かないというのは違うなと思ったんです。

思いきって、もう行きたいところに行ってみようと思って、それが宮古島だったんです。海がきれいで、昔話がおもしろくて、あと世の中のルールも違うし。

7回の転校生活

横道　ところで、親睦が深まるまであえて訊かなかったのがご家族のことなのです。頭木さんはまるで書いておられないので、トップシークレットなのかなと思っているんですけれども。

頭木　いやぁ、とくに隠しているわけではなくて、書くようなことがなにもないというだけなんです。じぶんが病気になったというだけで、家族は関係ないし、特別なことはなにもなくて。

家族のことで、変わったことと言えば、母親が引っ越し好きで、小学校だけで7回転校しています。ほとんど県内ですけどね。1回だけ、福岡にも行きました。

横道　山口県内だけで6回って、すごいですね。

頭木　珍しいでしょう。県内とはいえ、小学生にとって、学校が変わると、もうぜんぜん世界が違うんですよね。性格が7回、見事に変わりました。これはすごい体験で、私はいまとなっては良かったと思っています。ずっと同じところで生きてきた人は、「じぶんはこういう性格なんだ」と思ってるじゃないですか。でも、けっこう環境で決まってしまってるところもあるんですよ。たとえば私は、ある学校では大変な嫌われ者で暴力もふるうから、学校に行くと全員が窓やドアを押さえて、なかに入れないようにされました。そしたら、「じゃあいいよ」って、帰っちゃう子だったんです。でも、クラスで人気があって成績も良い女の子が、なぜかひとりだけ私についてくるんです。あれは不思議でしたね。「なんでこの子はついてくるんだろう?」と思ってました。

横道 私とまったく違う感じで、おもしろいなと思います。私は子どもの頃、『ドラえもん』が大好きでしたけれど、のび太みたいなダメな男の子だという自認があったので、なぜじぶんにはしずかちゃんがいないのかと不思議に思っていましたね。

頭木 別の学校では、学級委員で人気者だったんですよ。また別の学校では、野球をやるとき、「俺にピッチャーやらせろ」みたいな目立ちたがり屋で、別の学校では、バッターボックスに立つのも恥ずかしいという恥ずかしがり屋でした。とてもひとりの人間とは思えないほど変わりました。だから、環境が子どもに与える影響を気にして孟子《もうし》の母が三度も引っ越した「孟母《もうぼ》三遷《さんせん》」は正しいですね。

一度、同じ学校に戻っちゃったこともありました。そしたら、クラスに何人か私のことを覚えていた子がいて。前にいたときはケンカが強かったんです。でも、戻ったときはケンカなんか大嫌いになってました。ふたつの不良グループから「こっちの仲間になれ」と引っ張りあいになって困りましたね。じつは弱いということがバレたら、両方からボコボコにされると思って。

スポーツも、前は得意だったのが、苦手になってたんです。それが体育の時間にバレそうになるわけです。「あれっ?」とか言われたりして、ひやひやものので。このときばかりは、また早く転校したいなと思いました。なんとかバレないうちに、また転校になりましたけど。

語ってこなかった結婚の話

頭木　病気でない頃は、結婚なんかしなくていいくらいに思っていたんですが、いざ難病になると、結婚できないいんじゃないかと不安になりましたね。そんなもんですよね。できるときには、そんなものしなくてもって思うけど、できないとなると、とたんにあせるという。

あせってみても、入院しているし、自宅療養中もひきこもっているし、無理して外出したとしても、下痢したりするし、飲みにも行けないし、食事も難しいから、もう付きあうこと自体、難しいですよね。

さらに、無職ですから。難病だから、無職なわけですけど、それぞれひとつでもすごくマイナスなことがふたつセットになっているんですから、だれも寄りつかないですよね。

でも、幸い、結婚することはできました。

横道　その結婚に関するお話を、訊いていいものかしらんと初回からずっと悩みながら、私は対話を重ねてきたんですよ！（笑）

頭木　妻については話したことも書いたこともないですね。「結婚してますか？」と訊かれたときには、ウソをつくわけにもいかないので、「してます」とこれまでも言ってますけどね。

なぜ妻について語っていないかというと、妻が「私のいないところで私の話をするな」と言うからです。文章を書く人って、身内のことをいろいろおもしろおかしく書いたりするじゃないですか。ああいうネタにするな、とも言われているんで、書かないようにしているんです。まあ、逆の立場だったら、たしかに嫌ですしね。ちなみに、このインタビューに関しては、妻の許可を得ています。

私は長いあいだ、じぶんが病気を隠していて、勝手に言われたくなかったから、だれかから「これは秘密ね」と言われると、すごく守るほうなんです。だから、妻からそう言われたことも、ちゃんと守っているという、ただそれだけなんです。

宮古島でも、結婚していると言いながら、妻の話はまったくしなかったんで、ほんとうはいないんじゃないか、エア妻じゃないかとうわさされていたようです。たまたま、妻が私宛ての電話に出たことがあって、「ほんとにいた！」と驚かれたそうです。

横道 エア奥さん（笑）。いつごろ結婚されたんですか？

頭木 手術したあとです。知りあったのは手術より前で、妻は私の友だちの知りあいでした。病気のことは隠していました。ふつうに飲みに行ったり、食べに行ったりしていたんです。そんなことをしていたら、当然いけないわけですよ。だから、どんどん体調は悪くなっていき、もうじきこれは入院だなというのはわかってたんですけど、それでもがんばって、そういうことを続けていて。

ついに入院することになって、そのときに病気のことも言いました。これでもうお別れになるだろうなと思いました。まあ、それはしかたないなって。無茶をして入院することになってしまいましたが、覚悟の上でしたし、後悔はなかったですね。でも、彼女はそのあともお見舞いに来てくれて。そして手術後に、結婚しました。

横道　いやあ、いい話を聞きました。

紅茶を頼む勇気

頭木　最初に会ったとき、私のほうがすごく好きになったんです。4人で食事をしたんですが、じぶんの知っているおいしいお店に連れていくのが好きな人がいて、食事のあと、「水出しコーヒーのすごくおいしい店があるから、ぜひ行こう」ということになって行ったんですが、当然みんな、水出しコーヒーを頼んだわけです。ところが、彼女だけ紅茶を頼んだんですよ。これ、すごいなと思って。

そのお店に連れてきた人が、内心ムカムカしているのが、ひしひしと伝わってきました。まったく空気を読まずに、ここで紅茶を頼むっていうのは、私にはできないんですよね。私もコーヒーは飲まないほうがいいんです。お腹に良くないから。でも私は、しかたなく水出しコーヒーを頼んじゃうわけです。なのに、ぜんぜん病気でもないのに、コーヒーも飲めるのに、紅茶を頼む。いまは紅茶が飲みたいから。その勇気に惚れこんじゃったんですね。

横道 パートナーが難病患者ということについては、どう思っておられるんでしょう？

頭木 私がすごく興味があるのは、逃げだせるのに逃げださなかった人です。じぶんの夫や妻が病気とか障害を抱えていて、それでも別れない人。たとえば、作家の丸山正樹さんは、恋人時代に頸椎損傷《けいついそんしょう》という重度の身体障害を負った女性と結婚して、ずっと介護しておられます。付きあってまだ数カ月だったというのに、別れずにそのまま結婚して、30年以上も休みのない大変な生活を続けておられるんです。たとえば、毎晩2回、体位交換のために起きたり。私からしたら、なぜそれができるのかわからないレベルなんですよね。逃げようと思えば逃げられる人が、なぜ逃げないのか？　なぜそんな人生を選択できるのか？

私の妻もそのひとりなんですよね。難病患者と結婚したわけですから。なので、訊いたことがあるんですよ。どうして、難病とわかっていて結婚したのかと。

すると妻は、とにかく傲慢《ごうまん》な男が嫌いで、もしケンカになっても勝てる相手がいいんだと。たしかに、難病のヒョロヒョロした男になら、勝てますよね。病人にそういう良さがあったのかと初めて気づかされました。

横道 共通する趣味なんかあるんですか？

頭木 一緒にいるあいだに、いろいろ共通の趣味ができましたね。スポーツ番組をぜんぜん見ない人でしたけど、いまじゃあもう私よりサッカーにくわしいです。数学や物理も好きじゃなかったんですが、いまでは私より宇宙物理学に興味津々で、村山斉《ひとし》先生の『宇宙は何でできているのか』（幻冬舎新書）を読んだりしています。

あと、本はすごく読む人ですね。これはもともとです。そうそう、知りあったばかりで、私のほうからいろいろ誘っているとき、泉鏡花がすごく好きだって言うんです。私はそのとき、泉鏡花はまったく読んだことがなかったんで、あわてて泉鏡花の本をいっぱい買って、いっぱい読んで、もう泉鏡花はバッチリだと思って一緒に出かけました。電車のなかで、今日はいよいよ泉鏡花の話をしようと思って、「泉鏡花って……」と話しはじめたら、「私、泉鏡花は好きだけど、泉鏡花が好きな男は嫌いなんだよね」と言われて、一瞬で努力が無に帰したりしましたね。

横道　パートナーと文学の話ができるって、いいですね。

頭木　文学の話はそんなにしないですけど、原稿のチェックはぜんぶしてもらっています。編集者さんにダメ出しされるとつらいですから、その前に、妻に厳しくチェックしてもらうんです。意味がわからないとか、ぜんぜんおもしろくないとか言われると、がっかりしながら書きなおすみたいな感じです。

横道　とにかくうらやましいです。

社会に広めたいルール

横道　最後に頭木さんが社会に対して望むことをお伺いしたいです。

頭木　日常の実感として、どんどん生きづらくなってきています。病人が生きづらいということは、つぎは健常者ですよ。「炭坑のカナリア」である病人は、弱いからこそまず先に危険を感じるわけですから。

安部公房がこんなことを言っています。

人類の歴史は弱者の生存権の拡張だった。社会の能力が増大すればするほど、より多くの弱者を社会の中に取り込んできた。弱者をいかに多く取り込むかが文明の尺度だったとも言える。
（「裏からみたユートピア」『安部公房全集』25巻、新潮社）

弱者が生きづらくなってきているということは、社会の能力が低下してきているということだと思います。

じゃあ、どうしたらいいのかということですが、まず「自己責任」とか「社会の役に立たない人間は価値がない」とか、そういう方向にどんどん流れてしまっている、その流れを止めて、向きを変えないといけないですよね。

といっても、そういう大規模な河川工事は大変です。重要なポイントになるのは、「人に迷惑をかけてはいけない」という社会のルールを見なおすことだと、私は思っています。

山田太一さんの『車輪の一歩』というテレビドラマに、こういうセリフがあります。

人に迷惑をかけない、というのは、いまの社会で一番、疑われていないルールかもしれない。

（『山田太一セレクション　男たちの旅路』里山社）

ほんとうにそうだと思います。このルールは、疑う余地のない、美しいものに見えますよね。

のんだくれの怠けものが「俺はろくでもないことを一杯して来たが、人様にだけは迷惑をかけなかった」と自慢そうに言うのを聞いたこともある。

（同前）

そういう最後のぎりぎりの誇りにもなるルールです。それだけに、そういう気持ちをうまく誘導すれば、すぐに「人に迷惑をかける人間を非難し攻撃する」という方向にも導けてしまうんですよね。支配層としては、非難や攻撃が上に向かわずに、下に向くほうが得ですから。それが「自己責任」とか「社会の役に立たない人間は価値がない」といった弱者切りすてにつながっていると思います。

このルールはほんとうに絶対なのか、これ以外のルールはありえないのか？　私は宮古島に移住して、びっくりしたんですが、むこうは「人に迷惑をかけてはいけない」というルールではなく、「お互いに迷惑をかけるのはあたりまえ」という感じなんですよね。そのルールでも、ちゃんと社会は回るんです。そして、そのほうがずっと生きやすいんですよ！

このことは、宮古島に行く飛行機のなかですでに感じました。羽田で飛行機に乗るときは、荷物を上の収納棚に入れるのに、もたもたしている人がいると、通路で待たされる人はすごくイライラした様子をします。人に迷惑をかけているから良くないと、みんな思っているわけです。でも、あせるせいで、かえって時間がかかったりします。

これが那覇で宮古島行きの飛行機に乗りかえるときには、今度は宮古島の人が多いですから、お年寄りがもたもたして通路をふさいでいても、だれもイライラしません。ごく当然のこととして、ふつうに待っています。お年寄りもあせらないので、意外に早く済みます。だれにとっても、このほうが不愉快が少ないです。

スーパーでも、赤ちゃんとか小さい子どもを連れてやってきたお母さんが、スーパーの表のベンチに座っているおばあさんに、その子を預けたりする。家族か知りあいなのかなと思ったら、そうではなくて、ぜんぜん知らない人だったりするんです。でも、平気で預け、平気で預かる。そして、とくにお礼も言わない。

　親切があたりまえで、お礼なんか言う必要がない社会のほうがすばらしいです。

　いちばん印象的だったのは、病院の待合室での出来事です。車椅子の人を、友だちらしき人が連れてきました。ところが、その友だちは先に診察を終えて帰ってしまったんです。帰りはどうするんだろう、別の人に頼んであるのかなと思っていたら、どうやらだれにも頼んでいないようなんです。待合室でたまたま出会うだれかに頼むつもりなんです。でも、そんなの、突然に頼まれたほうは、すごく迷惑ですよね。病院の待合室にいるんだから、病人なわけですし。身体を抱えて車に乗せたり、車椅子もたたんで乗せたり、そうとう大変だと思います。頼んだ人は、かなり太っていましたし。東京の感覚からすれば、「そういうことを頼むんだったら、少なくとも前日までに連絡を入れておいてくれ」という感じじゃないですか。ところが、そんな予約はしない。そこでたまたま出会った人に頼めると思っていて、まったく不安を感じていないんです。これ、すごくないですか？　私だったら、そういう社会に生きたいです。

「人に迷惑をかけてはいけない」というルールでも、「お互いに迷惑をかけるのはあたりまえ」というルールでも、どっちでも世の中は回るんです。だったら、生きやすい「お互いに迷惑をかけるのはあたりまえ」のほうがいいと思うんですよね。ですから、このルールを、なんとか広めたいというのが私の願いです。

横道　私も、日本社会にはびこる自己責任論の全面的解体に向けてたたかっていきたいです！

インターバル4　オマケの人生

横道　発達障害の診断を受けた頃、今後のじぶんの人生はオマケだと思ったんですよね。ほぼ同時期に未破裂の脳動脈瘤《どうみゃくりゅう》が見つかって。

頭木　体の病気にもなられたんですか！

横道　左眼の奥のあたりにある脳の血管が一部ふくらんでいて、破裂する寸前だったんです。それで急いで外科手術をしました。1割以下の確率だけれども、手術中に破裂して亡くなる人は一定数いて、病院でもしょっちゅう死んでいると。ですから手術台に横たわって、全身麻酔をしたときに、これが最後でもう眼ざめない可能性もあるんだなと思いながら意識を失いました。

そのつぎの瞬間、眼を開けたら主治医が上から笑顔で「手術は無事に終わりました」と言った。なんだか現実感がなく、残りの人生は、オマケでもらったものと思おうと考えた。

頭木　オマケと思うことで、執筆や自助グループの活動を精力的になさっているわけですね。

横道　そうです。40歳で休職して、その少し前に初めて人間ドックを受けたのですが、検査結果があちこち悪かった。これまで鬱状態になっていたから向きあう心の余裕がなく、ぜんぶ放置していた。それを休職期間中にすべて清算しようと思って、徹底的にじぶんを点検することにしたんです。それで、最大の出来事が発達障害の診断、そのつぎが脳動脈瘤でした。ほかにも緑内障が見つかったりとか、睡眠時無呼吸症候群が見つかったりとか、虫歯がいくつもとか、あとは血糖値が非常に高くて糖尿病寸前とか。

39歳まで持病ってひとつもなかったんですけど、いまはいくつもあります。重篤ではなかったのですが、アルコール依存症の治療にも通いました。「このまんまの生活だと、近い将来危険なことになるよ」と言われました。もともとじぶんを幽霊のように感じて生きてきたけど、さらにその段階があがって、より幽霊化した。ですからいまの人生は、偶然が重なって生きのこれただけで、ぜんぶありがたい「オマケ」なんだと思っています。

それでいろいろ諦めていますね。解決は「来世の課題」にしたいと思います。私はまあ、来世というものをまったく信じていないんですけれどね。自助グループでもよく言うんですよ。「これこれができないんですけれど、どうしましょうか?」って相談されて、みんなでいろいろアイデアを出すんですが、どうしてもいい打開策が見つからないような案件では「来世でがんばりましょう」と言ってます。

頭木 まあ、そう言うしかないこともありますよね。

横道 はい。「来世でなんとかする」というかたちで問題を棚上げにし、実質的には解決を諦めることで楽になるという考え方です。

試合結果

心と体はどっちがつらい？

心と体はケンカする？

横道　『心と体でケンカする——生きづらさの往復インタビュー』という仮題を設定して始まった本企画ですが、「心と体でケンカする」ということに関して、頭木さんがこの企画案を教えてくれたときに、私はじつはピンとこなかったんです。

頭木　私は体の病気ですが、心の病気の人と会うと、「うらやましい」と言われることが多いんですね。なぜかというと、体の病気は血液検査とかレントゲンとかCTとかではっきりわかる。診断が明確で、だれもが同情してくれる。ところが心の病気だと、診断も曖昧だし、レントゲンに映ったりするわけじゃないから、疑われるし、心の持ちようでなんとかなるように思われてしまいやすいそうなんです。

そういうふうに言われると、体の病気の人のなかには、むっとする人もいるわけです。体の病気の大変さも知らずに、どうして心の病気のほうが大変なように言うのかと。とくに、「死ぬような病気でも、体の病気のほうがいい」などと、心の病気の人から言われると、許せないという気持ちにもなってしまいます。

そういうふうに、同じ病人でも、心の病気の人と体の病気の人は、ケンカになってしまいやすい感じがあると、私は思っていたんです。なので、それぞれ心の側、体の側に立って、お互いの不満をぶつけあってみたら、そこからなにか生まれるかもしれず、おもしろいんじゃないかなと思ったんです。

まずそういう、心の病気の人と体の病気の人の言いあいについては、どう思われますか?

横道　私は心身一元論者なんです。私の場合には生まれつき心の問題で悩んできて、心の問題がない時期がないんですよね。ずっと鬱っぽかったし、生まれつき発達障害者だった。しかも折に触れて体の問題もある。精神医学では、深刻な不器用や運動音痴を発達性協調運動症（DCD）と呼んでいて、発達障害の下位カテゴリーと位置づけています。

私にもこの発達性協調運動症ははっきりとあります。日常生活で物にぶつかりやすかったり、転んだりしやすかったりする。絵に描いたような運動音痴で、子どもの頃はそれで自殺したかったほど。あまりにも運動ができないっていうのは、小学生には、ストレスが大きいものです。

いじめにも遭いましたし、クラスで最下位あつかいされた。心の問題は常駐して、体の問題が付属的にある。すると体の問題のほうが前景化しやすいわけです。目立ってしまう。ですから、体の問題のほうがつらいなと感じやすい。

心と心がケンカする

横道　私の人生を振りかえってみても、物心がついたあとに、家庭がカルト宗教の家になったので、その数年間はじぶんの人生にとって最大の暗黒時代でした。その時期を思いだすと、突然に難病になったとか、健康だったのに鬱に罹患《りかん》したという人たちには、すなおに同情します。

頭木　そのあたりも意外なんですが、途中から「なにか起きた」人への同情が、横道さんはけっこう深いですよね。ふつうに考えると、「元気な期間があっただけ、おまえはましじゃないか」と思ってしまいそうですが、そんなことはないんですか？

横道　自閉スペクトラム症があると、時間感覚が標準とは違った感じなので、良いときもあったとか、いつか良くなるとか、そういう一般的な過去・現在・未来の発想が薄いんですよね。多発するフラッシュバックのせいで、時間がランダムに感じられることが多いのも一因でしょう。七五三のことを唐突に思いだしたつぎの瞬間には、人類滅亡後の未来に思いを馳せたりしながら日々を送っています。でたらめなタイムスリップを繰りかえしているような。

やややこしいので、「眼の前にいる人は、いま苦しいんだから、それはかわいそう」という単純な考えでやっております。

頭木　ああ、それは素敵ですね。

横道　私の場合だと、心と体はケンカするものと思えないけれど、自閉スペクトラム症と注意欠如多動症はいつもケンカしてる感じです。心と体は一元論だけど、心が二元論（笑）。頭木さんの場合だと、やっぱり心と体は二元論ということなので、心身の対立と感じられるものが、おそらく苦しいんですよね。

頭木　その、障害同士がぶつかるっていうお話が、すごく興味深いと思いました。

たとえば、この本を作るにあたって、漢字を開くか閉じるか（漢字にするか、ひらがなにするか）について、横道さんは「私の場合、自閉スペクトラム症の『瑣末《さまつ》に見えるものへのこだわり』の特性があるので漢字と仮名の使い方には非常に執着します。しかし、注意欠如多動症があるので、注意拡散の特性が、そのこだわりを邪魔します。自閉スペクトラム症と注意欠如多動症は併発しやすいですが、互いの障害がぶつかりあってしまうことも多いです」とおっしゃっていました。

自閉スペクトラム症も、注意欠如多動症も、心の問題ですよね。しかも併発しやすい。つまり、同時に同じ心にそのふたつがある。それなのに、お互いがぶつかりあってしまうというのは、意外な気がしますし、不思議でもあります。

横道　自閉スペクトラム症のために、私には深く狭くもぐりこんでいく性質があるのに、他方でADHDが私を拡散させ、浅くしようとする。だから凝り性なのに飽き性なんです。ぶつかりあってる感じも、独特に混ざりあってるような感じもある。

あることにどっぷりハマりつつ、やるだけぜんぶやって、つぎのステージに移行して、同じようにどっぷり、というのが理想だなと思います。でも発達界隈では、その両方の障害が併発していることで、単発の発達障害者よりも意味不明な人間になってしまって、人生の困難さが増しているという嘆きの声に満ちています。

頭木　障害同士がぶつかりあうことで、困っている人が多いわけですね？

横道　自閉スペクトラム症者として孤独を好むんだけど、ADHDがあるから活発になって、いろんな人と社交しようともする。「どっちなんだよ」って思われてしまう。

頭木　そこも、心の障害と体の病気の大きな違いですね。体の病気だと、ぶつかりあうものがあっても、そんなに不思議ではありません。腰痛なのに、咳が出るようになって、腰に響いて困るとか。それぞれ別の病気で、別々に罹ったわけですから。でも心だと、なんだか不思議に思ってしまうんですよね。別々に罹ったものではなく、もともと生まれつき、そう生まれてきたのに、そこに矛盾があるなんて、と。そのあたり、どう思われますか？

横道　難しいテーマですが、以前は「広汎性《こうはんせい》発達障害」というカテゴリーがあって、自閉スペクトラム症っぽいのとADHDっぽいのが混ざってる人の場合、それが診断されていました。

自閉スペクトラム症とＡＤＨＤの両方を診断するのは過剰診断だからダメ、とされていたんです。いまは両方を診断するのがＯＫになっていますけれど、将来的にまたカテゴリーや障害名が変わる可能性は高いと思っています。そうしたら、私たち発達障害者が現在、「自閉スペクトラム症の特性とＡＤＨＤの特性がケンカしている」と感じている現象も、また違った見え方をしてくるでしょうね。

心身1.5元論

頭木　体の病気を、心のせいにしたがる人が多いんですよね。骨折を心のせいにする人はいないけど、内臓のようなブラックボックスだと、すぐに心のせいにしたがる。で、気の持ちようで良くなると言う。そういうことにすごく反撥《はんぱつ》があって、心身一体って言いたくないところもあります。

体の病気なのに、心の問題にされて、心を変えて治せと言われるのは、非常に理不尽な気がするんですけれど、そういうことについてはどう思われますか？

横道　いや、もうなんにも反論しない。まったく同感です。

頭木　心についても体についてもいろんな本が出ていますが、心の問題だと心の専門家が集まって心の本を出す、体の問題だと体の専門家が集まって体の本を出すという感じで、心の本と体の本って分かれていると思うんですよ。それもどうなのかなといつも思うんですけれども、そのあたりは横道さん、どう思われますか？

横道　心理学からはいろんなことを学んでいますが、反発もあります。心理学者のうちでダントツに贔屓《ひいき》にしているのは、頭木さんもよく言及される、精神科医のヴィクトール・フランクルです。心理学者としてもだいぶ特殊だと思います。実存分析と言われたりとかして、ほぼ哲学になっている。心身問題の止揚《しよう》にも取りくんでいた人だと思います。私が惹かれるのは、心理学的ではない心理学なことが多いですね。『唯が行く！』（金剛出版）は哲学者のマルティン・ハイデガー周辺の話に収束してきますが、それも一般的な心理学への着地を避けたかったという思いがありました。心という小さなテクストがあり、体という中くらいのコンテクストがあり、環境や社会という大きなテクストがある。その連続性を考えていかないといけない。

頭木　私の場合は、心はそのままで、体だけ交換できれば解決というふうに思ってしまうので、心と体を別々に考える方向に、どんどん進んでしまったんですよね。

横道　私の身体感覚からすると、すぐにゾーンに入って体が消えた感じになったり、逆に体が痛くて、心がなくなったりというふうな感じ方をする。体が透明化したような気分になったりすることが多いので、心と体に関して「ケンカする」という二元論的なイメージは、ピンとこなかったというわけなんです。

頭木　横道さんにとって、心と体の関係は、どういうイメージなんでしょうか？

横道　ふたつの極に、磁石のSとNのように「心」と「体」があって、いつもそのあいだのどこかに「じぶん」が局在しているみたいなイメージです。

頭木　グラデーション的な心身？

横道　そうです。

頭木　じゃあ、私の感じ方と同じですね！

横道　そうなんですか！　場面場面によって、心の割合が非常に高いなっていう状況と、体の割合がすごく高いなっていう状況とがあるという。心と体が餅のように伸び縮みしているというふうに感じるので、色が変わっていく感じ。「じぶん」が心と体の融合体で、部分的に心が優勢になって、「心色」になっていることもあれば、部分的に体が優勢になって、「体色」になっていることもあるというぐらいの理解です。

頭木　ああ、餅みたいに形がいろいろ変わり、心のほうにちょっと偏ったり、体のほうに偏ったりすることはあるけど、そもそも一体の餅だ、みたいな感じですか？

横道　はい。歩いていると私はすぐにゾーンに入るので、歩くという運動をしていても心が全面的に私を支配するし、日常ではつらいのでゴロンと寝ころがっている。ほぼアザラシかトドの仲間だなと思って生きているんですけれど（笑）、寝ころがっていると床の固さとか筋肉が押さえつけられる触覚がきわだって現前するので、「いまじぶんはほぼ心がなくなった物体だな」と思ったりしますね。

頭木　そういうグラデーションを行き来するわけですね？

横道　はい。歩いているから体が支配的とは思わない。寝ころがっているから心が支配的とも思わない。

頭木　そうですか。それは私が『自分疲れ――ココロとカラダのあいだ』（創元社）で書いたのと同じです。同じところに到達するとは思わなかった。

横道　一元論とか二元論というのも、あまり意味のある言葉じゃないかもしれませんね。

頭木　突きつめていくと、そこに行くんですかね。やっぱりグラデーションだなと最後は思って。

横道　心身1.5元論ぐらいですね。

頭木　そうですね。そのときどきで、心と体のあいだの立ち位置が違うっていうか。

横道　私たちは似てるところもあるようで、ぜんぜん違っているからおもしろい、と思って往復インタビューを始めましたけれど、最後は同じ着地点（笑）。

頭木　心の持ち方で体が治るっていうのも、一元論のようでいて、じつはそうではなく、ある種、二元論の極致なんでしょうね。心と体は別々で、心が体を操っていると思うからこそ、心の命令によって体をなんとかしろ、ということになる。

横道　心の専制政治を廃止したいですよね。

頭木　そうですね。一元論では、こういう支配・被支配の関係がそもそもないっていうことですよね？

横道　私が心理学に抵抗が大きいのは、心理学っていまの時代には、人気がありすぎるほどあるから。もっと体の問題から考えてみては、というオルタナティヴを提起したくなる。

見晴らしのいい場所

頭木　これは発達障害も関係してくると思うんですけれども、心は変えられるっていう認識が世間にあるんですよ。不思議なことに。体の場合は、あともう1本手を生やそうったって、そうはいかないとだれでもわかっているわけですけど。そのあたり、どうお感じになりますか？

横道　自閉スペクトラム症があると、同じような言動を何回も繰りかえしたりして、定型発達者に比べると、心は変わりにくいと思います。それでも人生を通してみると、どんどんメタモルフォーゼをしてきている。変わることはだれでもできるけど、その人のタイミングでしか変わらないですよね。

頭木　心が変わるということに関しては、つらい体験をして、乗りこえて、心が成長するという思いこみもありますよね。実際には、つらい体験をすると、良くない方向にねじまがるほうがあたりまえだと思います。横道さんは、小さい頃からつらい目に遭って、だんだん適応できるように、良い方向に変わっていくのと同時に、ねじれてしまう方向にも行きやすかったと思うんですが、ご自身ではどう思われますか？

横道　すごくゆがんできましたね。発達障害の診断を受けてから、そのゆがみを直そうとしているところが確実にあります。

頭木　ああ、直そうとしてらっしゃるんですね。私はじぶんが病気になったせいでゆがんでしまったというのは、すごく気になることです。だから、不幸によって学ぶ、成長するという、良い面ばかりが強調されるのは、つらいなという思いがあるんですよね。「病気して良かったでしょ」みたいな。病人自身は、だいたいそういうことを言いますけど、それはそのほうが周囲から好かれるからですね。ゆがみましたと言ったら、人が離れていきますから。

横道　心理学から学んだことで、良かったことも、もちろんたくさんあります。ＰＴＳＤ（心的外傷後ストレス症）という概念は周知のものになりましたけど、ＰＴＧ（心的外傷後成長）っていうのもあって、トラウマを負ったからこそ、それを克服していくことで、その後の人生で劇的な成長が起きたと考える。ダメージからの反動として超回復のようなものが起こり、当事者の人生をグッと押しあげることはある。頭木さんの場合で言えば、病気にならなかったパラレルワールドの頭木さんよりも、病気になったこの世界の頭木さんのほうが、だいぶ魅力的じゃないかと推測してしまうんです。

頭木　ありがとうございます。山田太一さんが、障害のある人たちとずっと付きあっていて、障害や病気のある人は、どうやって生きていけばいいんだとか、なんで生きなきゃいけないんだとか、常に考えつづけることになるから、そういうことを考えずに済む人よりは、どうしたって考えが深くなるというようなことをおっしゃっていて、なるほど、それはそうかなと思いました。

横道 たぶんねじれて、ねじれて、それで時間切れで人生終わるということは、残念ながらあると思うんですけど、じぶんなりに気持ちを整理して、トンネルを抜けたら、見晴らしのいい場所に立っていると思います。深刻な病気や障害があるからこそ、見晴らしのいい場所に立てるということはあります。

おわりに

頭木弘樹のことと私の漏らし体験

横道誠

2010年代初頭、私は最終的に博士論文のテーマとして10年以上も携わってきたローベルト・ムージル論を放棄し、かといってグリム兄弟論を新たなテーマと定めるにも至っていないという宙ぶらりんな状況で、ドイツ文学研究者として迷走を深めていた。常勤の大学教員としてのバランスの取れた働き方がわからず、平日も週末も祝日も働き、夜は何時間も酒を飲みつづける生活に入っていた。

そんな折に、頭木弘樹という、聞いたことのない名前の書き手が、『絶望名人カフカの人生論』という本で評判になっていると聞いた。私の抱いた印象は、まったく芳しいものではなかった。私はルートヴィヒ・ヴィトゲンシュタインが『論理哲学論考』の末尾に記したテーゼ「語りえないものについては、沈黙しなければならない」をじぶんの信念をもっとも体現する命題と見なしている。フランツ・カフカという稀有《けう》な作家に「絶望名人」という安易に見える称号を冠した著作を、私は悪質なレッテル貼りだと感じたのだった。もともと思いこみが激しい上に、生活の荒廃から、さまざまなことに関心を傾けるだけの心の余裕を失っていた私は、

「この本は読まない」と決めて、頭木弘樹と私の関係はひとまずそれで終わった。というか、なんの関係もそもそも発生せずに終わっていった。

それから10年近くが過ぎた頃、私は休職して発達障害の診断を受け、アルコール依存症の治療に通い、博論として取りくんできたグリム兄弟論もようやく完成に漕ぎつけることができた。ありきたりの学術研究には納得できなくなりつつあった私は、じぶん自身に秘められた謎を解明するべく、じぶんなりに医学や福祉に関する知見を養おうと決意した。医学書院のシリーズ「ケアをひらく」に出会って、その熱心な読者になった。その結果、現在の発達障害に関する最新の知見を当事者の視点から、つまりアマチュアとしてまとめつつ、それにじぶんがプロフェッショナルとして営んできた文学研究の考え方を融合させれば、おもしろい本ができるのではないかと思いついた。私は試行のために母体となる論文を書き、それを「ケアをひらく」の担当編集者・白石正明さんに送って、出版を打診しようと計画した。

その論文を書き終わったのとほぼ同じくして、「ケアをひらく」の新刊が刊行された。その著者の名は頭木弘樹、書名が『食べることと出すこと』だった。私は「あの絶望名人のか！」と驚き、一読して、衝撃を受けた。難病に罹患した当事者としての立場から、さまざまな文学作品に言及しながら、じぶんの固有の体験世界を文章のかたちで立ちあげなおしていく。それは私が書きあげたばかりの論文でやったこと、もしかしたら私が世界で初めてやったのかもしれないとも期待していたことだった。私は頭木の本をすべて読むことにし、実際にそうした。

そうして私は頭木が、私が即断したような「語りえないものについては、沈黙しなければならない」という理念を、むしろ私以上の厳しさをもって信奉していることを悟ったのだった。

白石さんは、私が送った論文をぜひとも出版したいと言ってくれた。精神疾患の当事者の世界観を詩と論文と小説という3つのスタイルで表現するという世界で初めての本を出しましょう、と返事をくれた。私の論文は、私の体験世界をじぶんなりの内的言語のようなもので表現した文章と、他者を意識して外的言語として表現した文章の、2種類のスタイルで構成する実験的なものだったのだが、白石さんはそれをさらに突きつめたいと断言するのだった。私は頭木の本を読むことで受けた刺激から新たに湧いたかずかずの想念をフィードバックするようにして論文を改稿し、私の最初の単著となる「ケアをひらく」の一冊『みんな水の中――「発達障害」自助グループの文学研究者はどんな世界に棲んでいるか』を書いた。そして、頭木弘樹と、いつか交流できるチャンスがあれば良いのだがと願った。

その願いが叶って始まった頭木さんとの交流から、本書が生まれてきた。知りあいになったので、もはや呼びすてにすることはできない。頭木さんは初めてオンラインで会話したときに、「ぼくの本を読んだ人は、ぼくのことを『この人は漏らした人なんだな』って思って見てるんだろうな、とわかっていますよ」と言っていた。それはそうかもしれないが、私はじぶん自身が漏らした体験も思いだしながら、頭木さんを見ていたのだ。

30代のあるとき、ひどい腹痛になって、悪寒がするとともに高熱も出た。授業を1週間分すべて休講にしながら、ひとりで呻《うめ》き、苦しんで一日中毎日ずっと寝ていた。ある時点で私は気絶して、冷や汗を感じながらふたたび眼が覚めたら、下半身が気持ち悪い感触だった。気絶しながら下痢を排便していたのだ。トランクスとパジャマが汚れて、敷布団にも染みがついていた。そのときのやるせない気持ちはいまでもよく覚えている。

それから数年後、休職中にも漏らした。希死念慮の強い日々が続き、じぶんの体のケアもおろそかになりがちだった。食事の時間や排泄の時間が無茶苦茶になり、あるとき電車に乗っていると、急激な便意に襲われた。じつは自閉スペクトラム症があると、定型発達者よりも内臓の状態に鈍感になりやすく、「漏らしそう」になることは、ふだんからかなり多いのだ。途中下車して駆けこんだ男子便所のトイレは埋まっていたから、男女共用のトイレに入って、ズボンを下ろし、便座に座ろうとした瞬間に漏らした。正確には、そのときには衣服や下着を汚さなかったのだが、便座やその周辺に下痢が飛びちって、凄惨な光景が生まれた。それがカレールーだったら良かったなと思った（べつに良くないのだが）。後始末は、心がくじけそうだった。

対談中にも話題にしなかった私の「漏らし体験」を記しておくことは、あとがきを担当する者としての義務だと考え、以上に記した次第だ。

頭木さんとはこれからもいろんな場面で交流していくと思うのだが、今回一緒に本を作れて幸運だった。抜群の編集をしてくれた川島遼子さんに心から感謝する。いかにも発達障害者らしく長く話しすぎる、また相手の話なのにじぶんの話にしてしまいがちな私の語りを、巧みに整理してくれた。編集業とは、じつにケア労働にほかならない。しかも、そうやって整理してくれながらも、私の「なんとなく鬱陶しい感じ」はちゃんと表現されていると思うので、これは頭木さんと私との真実をパッケージングしたとても良い本になった。装丁を手がけてくれた鈴木千佳子さんにも心から感謝したい。頭木さんも私も、鈴木さんの仕事の熱心なファン。本書も鈴木さんの魔法によって、抜群にかわいらしい本に仕上がることになった。

２０２３年11月

頭木弘樹

かしらぎ・ひろき

文学紹介者。筑波大学卒。大学3年の20歳のときに難病になり、13年間の闘病生活を送る。そのときにカフカの言葉が救いとなった経験から、2011年『絶望名人カフカの人生論』（飛鳥新社／新潮文庫）を編訳。以後、さまざまなジャンルの本を執筆している。編訳書に『絶望名人カフカ×希望名人ゲーテ』（草思社文庫）、『ミステリー・カット版　カラマーゾフの兄弟』（春秋社）。著書に『絶望読書』（河出文庫）、『カフカはなぜ自殺しなかったのか？』（春秋社）、『食べることと出すこと』（医学書院）、『落語を聴いてみたけど面白くなかった人へ』（ちくま文庫）、『自分疲れ』（創元社）。編者を務めたアンソロジーに『絶望図書館』『トラウマ文学館』『うんこ文学』（いずれもちくま文庫）、『絶望書店　夢をあきらめた9人が出会った物語』（河出書房新社）、『ひきこもり図書館』（毎日新聞出版）。共著に『病と障害と、傍らにあった本。』（里山社）、『366日 文学の名言』（三才ブックス）、『こどもに聞かせる一日一話「母の友」特選童話集』（福音館書店）。NHK「ラジオ深夜便」の『絶望名言』のコーナーに出演中（書籍化もされている）。

横道誠

よこみち・まこと

京都府立大学文学部准教授。1979年生まれ。大阪市出身。博士（文学）（京都大学）。専門は文学・当事者研究。単著に『みんな水の中――「発達障害」自助グループの文学研究者はどんな世界に棲んでいるか』（医学書院）、『唯が行く！――当事者研究とオープンダイアローグ奮闘記』（金剛出版）、『イスタンブールで青に溺れる――発達障害者の世界周航記』（文藝春秋）、『発達界隈通信――ぼくたちは障害と脳の多様性を生きてます』（教育評論社）、『ある大学教員の日常と非日常――障害者モード、コロナ禍、ウクライナ侵攻』（晶文社）、『ひとつにならない――発達障害者がセックスについて語ること』（イースト・プレス）、『解離と嗜癖――孤独な発達障害者の日本紀行』（教育評論社）、『グリム兄弟とその学問的後継者たち――神話に魂を奪われて』（ミネルヴァ書房）、『村上春樹研究――サンプリング、翻訳、アダプテーション、批評、研究の世界文学』（文学通信）、『発達障害の子の勉強・学校・心のケア――当事者の私がいま伝えたいこと』（大和書房）が、編著に『みんなの宗教2世問題』（晶文社）、『信仰から解放されない子どもたち――＃宗教2世に信教の自由を』（明石書店）がある。

〈おしらせ〉

●本書には、紙版と電子版があります。

●本書（紙版）をご購入いただいた方のうち、視覚障害、肢体不自由などのため、本書のテキストデータが必要な方には、メールによる添付ファイルにて提供いたします。お名前・ご住所・お電話番号・メールアドレスを明記した用紙と「テキストデータ引換券」（コピー不可）を同封し、下記宛先までお送り下さい。

●テキストデータについて、内容の改変や流用、転載、第三者への譲渡、その他営利を目的とした利用はお断りします。

〒 606-0031 京都市左京区岩倉南桑原町 56
世界思想社「当事者対決！ 心と体でケンカする」編集担当

当事者対決！ 心と体でケンカする
テキストデータ引換券

当事者対決！ 心と体でケンカする

2023年11月30日　第1刷発行

著　者

頭木弘樹　横道誠

発行者

上原寿明

発行所

世界思想社

京都市左京区岩倉南桑原町56　〒606-0031

電話 075(721)6500　振替 01000-6-2908

http://sekaishisosha.jp/

(印刷　中央精版印刷)

定価はカバーに表示しています。

落丁・乱丁本はお取替えいたします。

ISBN 978-4-7907-1783-6